小さな村の大きな夢

高橋伝　一代記

笠井尚

論創社

まえがき

高橋伝元北塩原村長は磐梯山を宝の山にした立役者であった。世界的観光地である裏磐梯の価値を高めるとともに、村を一つにまとめて活性化させた功績は大なるものがある。

コロナが収束を迎えようとしている今、ようやく景気も回復しつつあるが、手をこまねいていたのでは、中小零細企業と同じような小さな村などは生き残っていくことはできない。

地方が寂れる一方のこんな時代だからこそ、私たちは第二、第三の高橋が現われることを待望するのである。そして、日本が元気になるためには、まずは自分たちの足元から始めなければならない。天下国家もまず地域からなのである。

高橋は福島県北塩原村北山地区の農家に生まれたが、昭和の激動の時代を経験した数少ない人間である。終戦後日本全体が食うのが精一杯だったこともあり、手始めの夢は稼業を持つということであった。自分の背丈にあった夢のために、何をすべきかを最優先に考えたのだ。

このため高橋は、若いときに大規模な酪農家を夢見て北海道に渡ったこともあった。さらに、日本が戦後の経済成長に突入した一九六〇年代には建設業に転じた。稼業としての建設会社を万全にしてから、北塩原村の村議会議員、村議会議長、村長というように、一貫して郷党のための政治を目指した。

高橋が自らの師としたのは、同郷の大竹作摩元福島県知事（衆議院議員も一期）であった。大竹家と高橋家とは家族ぐるみの付き合いがあり、高橋は大竹元知事から孫のように可愛がられた。

大竹元知事に関しては、数多くの逸話が残されているが、実際に謦咳《けいがい》に接した人の記録はほとんどない。若い高橋は、大竹が政界から引退したあと、帰郷するたびに自宅に呼ばれ、人生訓・処世術・政治学などの話をそれとなく聞かされた。

社会運動家であった賀川豊彦の小説である『乳と蜜の流るゝ郷』の舞台となったのがここ北塩原村（当時、北山外十二ヶ村組合）だった。昭和九年から十年にかけて『家の光』に連載され、当時の地域おこしの教科書であった。

聖書に出てくる「乳と蜜の流れる地」というのは、荒れ野とは違って豊かな地として描写された。神がアブラハムに与えた約束の地を意味し、地中海とヨルダン川、死海に挟まれたカナンという土地は、周辺の砂漠と比べれば、緑が生い茂った楽園を思わせるものがあった。

賀川の小説では産業組合による村おこしがテーマであったが、高橋は、企業家としての経験を踏まえて、国や県と歩調を合わせて、北塩原村を豊かにするために全力を傾注した。

高橋は、村を一つにするための「いこいの森構想」によるラビスパ裏磐梯などの建設、裏磐梯の自然保護の観点から始まった全村の下水道整備、何泊もできる観光地にするためのトレッキングコースの設定、環境省の緑のダイヤモンド計画にもとづく剣ケ峯地区の景観整備、開発が手付かずだった桧原地区については、高地トレーニング施設整備、検断屋敷を活用した「会津米澤街道桧原歴史館」のオープンなどを次々と実現させた。

「いこいの森構想」は大塩地区の振興策であるとともに、米作りなどを中心とする農村地帯である北山地区に関しては、農業用ハウスに力を入れたほか、村として宅地造成と分譲に取り組んだことで、人口増につながった。

将来を担う子供たちのために、海があるいわき市や沖縄の東村《ひがしそん》、東京都の杉並区との交流を深めたばかりか、ニュージーランドのタウポ市ツランギ地区との友好姉妹都市提携を通じて、子供たちのホームステイなどを実施した。

平成の合併の動きに対しても高橋は、独自の立場を貫いた。村の自立を目指すことを主張し、村民の意思を尊重して、ようやく一つになった村を守り抜くことを決断したのだ。

これらを村長の任期中に達成できたのは、高橋が北塩原村の特色を活かした村づくりを目指してきたからである。

ビスマルクの言葉に「愚者は経験に学び、賢者は歴史に学ぶ」という言葉がある。高橋の人生ドラマはかけがえのない歴史的な記録である。そこから多くのことを私たちは学ぶことができるのである。

目次

小さな村の大きな夢

高橋伝一代記

第一章　高橋伝の出自と生い立ち

北山（漆）全景

小さな夢を一歩一歩実現

高橋は「夢」という言葉を好んで口にする。「夢を実現するために努力したことが、全て報われた人生であった」と過ぎ去りし日のことを思い出し、「一つ一つ実現したときの嬉しさは格別でした」と回顧する。

どんな人の人生であろうとも、人並み以上の汗と涙がなければ、運命の女神が微笑んでくれるわけではない。高橋は、会津人の常として、自慢げに語ることは一切ないが、物静かに「人様に負けないように私なりに努力してきました」とこれまでの人生を振り返る。

負けん気の性格もあって、難しい問題であればあるほど、人任せにせず、自分からぶつかっていったのだった。それは家庭環境に起因した。「自分の稼業をつくりたいというのが一つの夢でした。私の生まれたところは零細な農家でしたから、百姓だけでは食っていけませんから」というのが本音であった。

だからこそ、生きていく上での基盤をつくるのに全力を傾注した。そこで悪戦苦闘した結果、多くの人との出会いがあった。その一つ一つを大切にするというのが、高橋の生きる上での信条であった。

北塩原村というのは、昭和二十五年に磐梯朝日国立公園に指定された桧原・裏磐梯地区、そして会津盆地の北東部に位置し、高曽根山《こうぞねやま》に源を発する大塩川や三ノ森川の流域に田園風景がひろがる北山・大塩地区からなっている。北塩原村の令和五年九月一日現在の人口は二四三四人である。

東西二十二・五キロメートル、南北十九・三キロメートルで、総面積は二百三十四・〇八平方キロメートル。そのうちの八十％が国有林である。観光スポットである裏磐梯の五色沼などの三百余の湖沼群は、明治二十一年七月十五日早朝の磐梯山の噴火によってできた。

磐梯山はその湖沼群と共に裏磐梯高原として、とみにその名を知られているが、実はその大部分が北塩原村の領域に含まれている。高橋が生まれ育ち、現在も住んでいる北山地区は、東に磐梯山、北西に飯豊の霊峰、背後に高曽根山という場所に位置し、会津盆地を一望できる景勝の地である。

北山は古来、漆村と称した。この付近に漆の木が多く自生していたことや、「うるし」の産地であるからその名前が付けられたといわれている。古い年貢帳の中に「紙・漆・蝋」の記録が多く見られる。紙は「うるし紙」の名があり、漆は会津一の良質のものを産した。ろうそくと紙は生活文化の必需品で、若松城は北山のろうそくによって照らされたとさえ伝えられている。漆は早霜や晩霜の被害の多い標高六〇〇メートル以下の山麓の肥沃な土地に生育するので、大塩・関屋・檍《くぬぎ》・北山付近は漆の敵地になったのであろうといわれる。

昭和二十八年九月一日公布の町村合併促進法が十月に施行されたのを受けて、北山外二ケ村組合が昭和二十九年三月三十日に廃止され、翌三十一日には北塩原村が誕生した。村名は北山の「北」、大塩の「塩」、桧原の「原」から名付けられた。三地区は旧米沢街道の沿線にあるため、古くから一体の行政区とみられてきた。

北塩原村北山に生まれる

高橋は昭和十三年十一月十四日、福島県耶麻郡北塩原村北山地区に父高橋正巳と母愛子の長男として生まれた。父が高橋の出産の知らせを聞いたのは、会津若松市の第二師団歩兵六十五連隊に応召した三日後のことである。当時の日本は日中戦争に突入しており、世の中は戦時ムード一色であった。

当時の会津では妊婦は実家で子供を産むというのが一般的であった。同じ北山地区で本村から一キロも離れていない集落の、母の実家である五島家で高橋は呱呱《ここ》の声を上げた。

母愛子は産後の床上げが終わると、すぐに嫁ぎ先の高橋家に戻ったが、伝は中学校に入るまで五島家で世話になった。五島家には男の子が生まれなかったために伝を手放せなかったようだ。そのうちに女の子が三人生まれ、その後にようやく長男が誕生したが、それでも小学校には母の実家から通った。

両親と離れていたということもあり、かえって祖父母から溺愛されたために、高橋は、淋しいという思いをしたことは、一度たりともなかった。

母方の祖父は正喜、祖母はミンと言い、目に入れても痛くないくらいに可愛がった。祖母は面倒見がよく、托鉢《たくはつ》のお坊さんや、乞食同然の人が来ると、わざわざ「また来てくれよ」と口に出していうような人であった。

祖母ばかりではなく、五島家の人間は、そういった人たちが戸口に立つと無視することができず、高橋は「自分のことを後回しにしても、人のためにばかり生きた人だと思います」と語る。それでいて、自分には厳しく、まさしく、会津の武士の典型で「ならぬことはならぬものです」という精神が徹底していた。祖父から「何をするにしても人のことを考えてやれ」と耳が痛くなるほどいわれた。高橋は腕白の方だったためになおさらであった。

今とは違って北山地区の子供たちは、家の中でゲームをして遊ぶようなことはなかった。スズメ捕りとか、ナマズの置き針をやったり、魚を捕ったり、一日中飛び回っていた。それだけに生傷が絶えなかった。その頃から高橋にはリーダーの資質があり、ガキ大将であったので悪戯《いたずら》しては、祖父から「家に帰れ」とよく怒られた。母が里帰りで五島家にくると、決まって「わがままはすんな」と叱られた。その頃の子供は藁で編んだ草履をはき、モンペでつぎはぎの服を着ていた。父親が兵隊に行くときに、挨拶にきた記憶があるという。

戦争末期で紙が足りなかった。小学校の校庭は全部豆畑であり、バスも通っていなかった。喜多方にも滅多に行かなかった。

五島家で玉音放送を聴く

会津若松などなおさら遠い世界だった。北山地区の人たちは、遠くに旅行に出かけるなどということは滅多になかった。都会から疎開してきた人の話を聞いて、外の世界を勝手に想像するのが関の山であった。

現在と違ってコンビニなどはなかったが、小さな駄菓子屋みたいな店が近所にあって、蔵の中に商品を並べて御婆さんが飴玉などを売っていた。

玉音放送がラジオから流れた昭和二十年八月十五日、高橋は小学校一年生であった。七十八年前のことであるにもかかわらず、終戦の日の思い出として、学校帰りの道でB29が二機スレスレに頭の上を飛んで行ったのをありありと覚えている。友だちと一緒に急いで桑畑に身を隠したのだった。高橋は五島家に帰宅すると、ラジオの前に座らされて、五島家の家族全員で、玉音放送を聴いた。雑音で何を言っているのかよく聴きとれなかったが、戦争に負けたことだけは分かり、悔し涙を流していた光景が忘れられないという。

戦後のどさくさの真っ最中で、あの頃はみんな腕白で飛んで回り、勉強するような雰囲気ではなかった。紙といっても、せいぜいわら半紙程度で、二年生頃までは教科書などは手に入らなかった。この先どうなるか、まったく見当がつかない時代であった。

父方祖父は「わせ喜代」

高橋が父母と離れて住むようになったのは、大家族で手が回らなかったからだ。父方の祖父は喜代四といい、高橋の父正巳が十歳のときに先妻を亡くした。それから後添えをもらってから八人が生まれ、正巳の実の母が生んだ三人（長男正巳、次男実・旧塩川町柴城の農家、三男正・東京で働き後戦死）と合わせて十一人。そこに加えて、高橋の父正巳の子供が三人である。

高橋の父を始めとして、その弟や妹たちは成績が優秀で、一人残らず級長を務めた。高橋より若い叔父叔母が三人いたが、そのうちの一人が白井英男元喜多方市長と喜多方高校で同級生だった叔父の高橋明。田村高校などで教鞭を執った。『北塩原村史』の発行にあたっても、中世の部を執筆している。一番下の叔母のカツ子の男の子二人は、東大を出て、現在も、兄が防衛省、弟が特許庁に勤務している。

喜代四は働き者であったことから「わせ喜代」とも呼ばれていた。稲などでも生育の早いのを「早稲《わせ》」というが、誰よりも早起きして仕事をしないと気がすまない性分であったために、その名が付いたのだった。

負けず嫌いの性分で、自分よりも早く田んぼに出ている人がいたりすれば、人より起きるのが遅れたというので悔しがり、自分に腹を立てて、家に戻ってしまうほどであった。

そうした父方の祖父の性格というのは、高橋自身も受け継いでおり、短腹《たんぱら》と評されることが度々あった。

しかし、それは人生を生きていく上ではプラスに働いた。高橋は「これまでの人生を振り返ってみますと、ここで負けてたまるかと歯を食いしばったことが度々ありましたが、それを何とか突破できたのは、喜代四爺さんの血が私にも流れているからだと思います」と認めている。

戦火くぐり抜けてきた父

父の正巳は、昭和十三年十一月十日、若松市（現在の会津若松市）の若松歩兵六十五連隊に召集され、十四年三月一日、若松陸軍病院に転属を命じられた。

そして、昭和十六年一月二十八日、衛生兵長で召集が解除され一時帰宅した。しかし、世の中は風雲急を告げていた。太平洋戦争が十二月八日、日本軍の真珠湾攻撃で始まったことで、北山青年学校の生徒指導員に急きょ起用され、農業のかたわら軍事教練の指導にあたった。

正巳が再度召集されたのは昭和十八年八月十八日のことである。今度は仙台市の第二師団歩兵第四連隊で、同じく衛生兵として従軍した。二度目は外地に派遣され、フィリッピン、マレーシア、タイ、ビルマ（現在のミャンマー）と転戦。昭和十九年三月、中国と国境の接するビルマのバーモーで、英印軍と米国装備の中国軍に包囲され、全滅一歩手前のところまで追い詰められた。

正巳の部隊はかろうじて敵陣の一角を破って脱出に成功。「敵中横断数百里、野越え山越え」をして、タイのバンコクまで辿り着き、そこで終戦の報に接した。その顚末《てんまつ》については「わたしの人生航路」の冊子のなかで「一万何千人もいたのが三百人しか残らなかった」と書き記している。

正巳が復員して、日本の土を踏んだのは昭和二十一年五月十五日のことであった。同じ冊子で「未だに戦野の荒涼たるジャングルの中や孤島に訪れる人もなく、戦病死した戦友たちに十分な供養をする閑《ひま》もなく仮埋葬したままに残して来たことが、悲しく胸せまりしめつけられる思いであります」と述懐している。

衛生兵に選抜されるというのは、医者の息子が多かったそうで、おいそれと誰もがなれるわけではなかった。勉強家の正巳は医学の世界の知識も豊富であった。

帰国した同年十二月、「農は国の大本なり」とのモットーから地主の側ではなく、小作人の側から推されて北山地区農地委員の選挙に立候補し、昭和二十六年七月まで二期務めたほか、北山地区農業委員会書記として昭和二十六年から三十二年まで、北塩原村役場職員として昭和三十二年から四十二年まで奉職した。

また、正巳は昭和四十二年四月の村議会議員選挙に立候補して初当選を飾った。それから三期連続当選し、昭和五十年から四年間は北塩原村議会議長の職にあった。

祖父の喜代四も村議会議員を四期務めている。高橋家は三代にわたって村議会議員を出した地方政治家の家系である。

喜多方と米沢を結ぶ国道一二一号線の大峠トンネルは平成二十二年に全面開通したが、正巳は書が上手で重宝がられていたこともあり、高橋建設がトンネルの入り口の鏡工事を請け負った。喜多方市から行くと日中トンネルから先の六つのトンネル名の看板は、正巳の揮毫《きごう》である。

正巳も喜代四に劣らず行動的な人であった。平成十一年二月三日付の福島民報のコラム「あいづかわら版」でも、その一端が紹介されている。

「喜多方市の髙橋建設会長。高橋正巳さんは八十一歳の今も外車のジャガーを乗り回す〝ハイカラじいちゃん〟です。自他ともに認める破天荒の人生で、六十五歳の時には五〇CCバイクで東京まで走った経験も。健康の秘けつは毎晩欠かさない『アルコール消毒?』だそうで『気持ちは年齢と逆の一八歳だよ』と意気軒昂です」と記事にしている。

正巳は五十CCバイクで、埼玉県蕨市に住む娘の幸枝のところに立ち寄り、それから銀座まで出かけるほどバイタリティーにあふれ、銀座の松屋デパートで舶来の帽子を買ってくるほどダンディーでもあった。高橋が見せてくれた写真は、スラリと長身で帽子が似合っていた。

普通免許を取得したのは七十歳になる直前。高齢者ドライバーだったにもかかわらず、最初は国産車の高級車であるセルシオやソアラに乗っていたが、会津では滅多に見かけないジャガーのハンドルを握って意気軒昂たるものがあった。

高橋が「私はあまり父に怒られたことはありません」と述べているが、仕事上は衝突したこともあった。温厚な人柄ではあったが、これと決めたら一直線というタイプであった。それこそ波乱万丈の人生を駆け抜けたのだった。

高橋の父と母は親戚や周囲の反対を押し切っての大恋愛の末の結婚であった。隣同士の地区なので、あらぬことを言い立てる人も多かったのだろう。愛子は「ここで負けてたまるか」と必死になって歯を食いしばった。「実家に用事で帰ることがあっても、弱音は一言も吐かなかったそうです」と語る。

五島家と家老萱野権兵衛の妻子

母の実家五島家が面倒をみた会津藩家老の萱野権兵衛長修《ながはる》の家族の話を、祖父母から高橋は聞いており、子供ながらに興味があった。戦後になってから朝日新聞の記者が何人も取材に来ていたのを、実際に高橋は目撃している。

母方の大叔父に堀金七郎がいる。その妻のたまきがまとめた『続雑潅木《ぞくざっかんぼく》』という本のなかでは、萱野権兵衛の妻や子供のことが触れられており、「奥方や子供、家来衆も含めると十三人を面倒みた」と書かれている。

しかし、たまきも残念がっていたように、五島家の人たちは、なぜか口を固く閉ざしていた。胸に秘めて置くことになったのは、賊軍とされた会津藩家老の家族を匿《かくま》うというのは、時の権力からにらまれることになるからだろう。それでも、たまきが書き残しておいてくれたことに、高橋は心から感謝している。

五島家の墓碑などから推測すると、明治維新前は「後藤」であったのに、明治になってから「五島」になったことは確認できるが、なぜそうなったかについては、明確なことは分かっていない。

たまきも触れているが、後藤家から五島家に苗字が変わっても、代々襲名していた喜右衛門という名前はそのままであった。いたずらっ子の高橋を叱りつつも、温かい愛情で包んでくれたのが、五島家になってからの三代目喜右衛門の正喜である。

五島家の初代は、萱野家にそこまで尽くす忠義者であったために、家産が傾くことになったが、婿養子として入った二代目喜右衛門の熊三が奮起した。婿養子が頑張って家運を盛り返すというのは、よく聞く話だが、五島家も御多分にもれずそうしたドラマと無縁ではなかった。

曾祖父にあたる熊三におんぶされて、高橋は北山薬師の祭礼に出かけたこともあったといわれるが、高橋自身はまだ二歳の幼児であったために、あまりよく覚えてはいない。近郷近在からたくさんの人が集まり、お祭りの屋台が並んだ光景を思い出すことはできるが、それはかなり後になってからのことである。

たまきによれば「五島家に残る物は、戦争の責任者として切腹した、城代家老の萱野様の切腹の時の麻裃《あさかみしも》と酒徳利の袴《はかま》」だそうだが、残念ながら高橋は、一度も見せてもらったことはなかった。

郷土史家の相田泰三も五島家に言及

会津の郷土史家相田泰三が執筆した、会津士魂会編集の『会津士魂』の「萱野氏と天寧寺」には、五島家に関する記述がある。

萱野権兵衛には四男二女の子供がおり、そのうちの次女いしの娘とめが若松市内に嫁いだ。権兵衛の孫にあたる熊本とめの談話が掲載されており、「長修（萱野権兵衛）が江戸に幽せられた時、その家族は耶麻郡の漆村（会津五薬師の一つである北山薬師のある村）に居た。自刃の後、藩公から贈られた五十両の金と長修の頭髪、扇などは山中キンサイによって、漆村に届けられた云々」と口述した。

松平容保公から金五十両が与えられたといわれており、見舞金にまで言及されていることからも、五島家にいた遺族に届けられたという証言とほぼ一致する。

権兵衛の次女いしは、かなり後になって、わざわざ「漆村」を訪ねているともいわれているが、それを立証する記録などは残っていない。

会津藩が降伏したのは明治元年九月二十二日。首席家老として萱野権兵衛長修が自刃したのは明治二年五月十八日のことである。権兵衛は謹慎所であった久留米藩有馬家から、切腹の場所となった飯野藩保科屋敷に移され、そこで従容として死に就いた。「賊軍」となった会津藩の責任を一身に背負ったのである。

会津藩が降伏したのを受けて新政府軍は、籠城していた者のうち、婦女子と六十歳以上・十四歳以下の男は、どこへ行こうとおかまいなしとした。それで萱野家の婦女子は、通称「漆村」とも呼ばれる北山地区の谷地集落を目指すことになった。

戊辰戦争で薩長軍らが若松城下に迫ったとき、藩士の婦女子は周囲の農村部に避難した。縁故をたより、また奉公人の実家に避難するものが多かった。奉公人は、村の肝煎の推薦する者に限られ、それなりの家筋や忠実な農家の人間たちであった。

会津が落城したとき、事後処理のための民生局が会津の各地に設けられた。民生局がまとめた「惣人別《そうにんべつ》」という記録帳がある。そのなかに「萱野権兵衛四十二歳、切腹、十二人谷地村」と記録されている。

権兵衛の妻お谷（「おたか」とも）は、長男長準《ちょうじゅん》、次男乙彦（後の長正）、三男寛四郎（虎彦）、長女りゅう、次女いし、四男五郎の六人の子供を引き連れて五島家を頼ったのだ。

たまきは「七郎の母は、維新の時の当主喜右衛門の孫娘で、丁度、萱野様の長女のお龍《りゅう》様と同年の九歳であったとのこと、奥方様のいらっしゃる奥座敷に行くことは禁じられていたけれど子供同士なので、大人にかくれてよく人形遊びをしたとのこと」と書いている。

「七郎の母」というのは、五島の姓になってからの二代目である熊三の妻美加のことである。高橋からすれば曾祖母にあたり、「お龍様」の下には、「いし」というもう一人娘がいたことが明らかになっているが、乳飲み子であったために、美加の遊ぶ相手ではなかった。「お龍様」と呼ばれた長女りゅうと美加の年齢は同じであり、まさしく美加のいう通りであった。

『小説会津士魂』での五島家の暮らしぶり

五島家のことに触れている書物として笹本寅の小説『会津士魂（普及版）』がある。三星敏雄脚色の『戯曲会津士魂』の原作となった小説である。

笹本は明治三十五年五月二十五日、佐賀県唐津市に生まれた。明治維新をくぐり抜けた人たちから取材できた年代である。大正十四年から春秋社に勤務し、中里介山の『大菩薩峠』の刊行を担当するなど、編集者としても名を成した。

小説『会津士魂』が昭和十六年に博文館から出版された。春陽堂文庫の一冊となったことで、多くの日本人に愛読された。昭和三十一年に発刊された復刻本は、発行所が笹本の出身地である唐津市木綿町商工会議所内、松浦文化連盟となっている。

とくに圧巻であるのは「権兵衛切腹」の章である。切腹する直前の萱野権兵衛が、会津藩家老の梶原平馬と山川大蔵（後の山川浩）と面談している切迫した場面である。

あまりにも不憫に思った大蔵が「何ぞご家族にお残しになるお言葉はございませぬか」と尋ねると、権兵衛は「若松から北へ五里の喜多方の在の漆村の元自分の邸に奉公していた喜右衛門の家に、きのうに変る心細い境涯を、妻お谷に守られて侘《わび》しく暮らしている十六を頭に六人の子供たち」のことが一瞬脳裏をよぎったのだった。

あくまでもそれは、書き手の想像の域を出ないとしても、死を前にした人間が、その妻や子を思わないわけはないからである。

しかし、権兵衛は「藩中でも鬼佐川、智慧の山川と謳われた、自分よりも十七、八歳も年下の若い大蔵が見守ってくれたならば、その上に気丈なお谷が手塩にかけて育ててくれるなら別に案じることはない」と信じていたので、二人に向かって「何卒、よろしくお頼み申す。別に申残すこともござらぬが、ただ会津武士の体面を汚さぬよう注意せよとお伝え下さい」と言葉少なく語っただけであった。

その三人のやり取りからも、お谷と子供たちが、高橋の母方の実家である喜右衛門の家に身を寄せていることを、権兵衛が知っていたことは明々白々である。

『戯曲会津士魂』でも、五島家での暮らしぶりが目に浮かぶ。それは高橋が目にした家のつくりとほぼ変わらなかった。

「離れの二間続きの部屋があり、奥の間には、みすぼらしい部屋にそぐわない、立派な仏壇が見える。隣の部屋の、陽の射しこむ縁側に近い場所で、母親のお谷がせっせと針仕事をし、少し離れた処で、三男の虎彦が小さい古ぼけた机に向い、習字の稽古に余念がない」

小説『会津士魂』の「烈婦訓戒」の章では、たまたま長準と長正が剣道の真っ最中であった。そこに江戸からの飛脚が飛び込んできたのだ。その飛脚は島屋と名乗り、お谷に「山川大蔵様から至急にお届けするよう頼まれましたので、別にご返事は頂かなくともよろしいとのことでございました」とだけ言い残して立ち去ったという。

お谷は封書を読み終わると、じっと心を沈めるように瞑目し、長準、長正、虎彦の三人の息子たちに、奥に来るように命じた。

「お谷は手紙と布包を持って立ち上がると、裁縫をしていた部屋を通り過ぎ、奥の間の仏壇の前に行って机の上に手紙と布包を供え、灯明をつけ、線香を上げ、合掌する。やがてお谷は包を取って、幾重にも包まれた紙をはがして行くと、髻《もとどり》から切られた髷《まげ》が現れる」

お谷は権兵衛の髷を示して、山川から届いた手紙のあらましを語った。「お顔の色一つ変えられず、日頃と寸分たがわぬお見事な御最期だった」と記されていることを告げ、お前たちにはただひと言、「会津武士の体面を傷つけぬよう注意せよ」との遺言であったことを伝えた。

すでにこうした舞台となった離れは取り壊されてなくなったとはいえ、萱野権兵衛の壮絶な最期を考える上にあたって、五島家を無視するわけにはいかないのである。

郡長正の旅立ちと喜右衛門夫妻

次男の郡長正《こおりながまさ》は、福岡県の豊津藩（小倉小笠原藩）の藩校育徳館で学ぶことになる。山川が前新潟府権《ごん》判事の長州藩士奥平謙輔と直談判して、会津藩の子弟数人が豊津藩に遊学することとなり、その一人に長正も選ばれた。

長正が五島家から豊津に旅立つ際に小説『会津士魂』では「玄関には、若松まで送って行く兄の長準、この家の主人の喜右衛門とかが、もう土間に立って待っていた」と描写されている。『戯曲会津士魂』でも、喜右衛門の妻であるおみねが、長正の手をとって「坊ちゃま、くれぐれも気をつけてな」と別れの言葉を述べるほどに親密であった。

長正は十六歳の短い生涯であった。母あてに「会津の食べ物がなつかしい」と書いた手紙が藩校中に知れわたったことを恥じ、明治四年五月一日、自ら刃に伏したのだ。

高橋は祖父から「ならぬことはならぬものです」という教えをたたきこまれた。高橋も知らず知らずのうちにそれが身に付いたのではないだろうか。五島家の教えというのは、まさしく会津武士の教えそのものであった。

たまきは「五島家は士族」と確信していたが、北山地区の人たちから「五島様」と呼ばれたのは、何代か前まで侍であったからだろう。一農民に対してはそういう言い方はしないからである。

萱野家が郡《こおり》を名乗り、権兵衛の弟の萱野安之助も三淵隆衡《みぶちたかひら》と改名したように、後藤家が五島家になったというのは、奉公先の主人を見ならったからに違いない。

加藤明成に仕えた郷士

萱野家の主君である加藤嘉明は寛永四年（一六二七）、伊予松山から会津に入封した。次の加藤明成の代になって、堀主水の一族郎党がお城に銃を放ち、出奔する事件があった。堀主水を断罪するために、明成は会津の地を返上することも厭《いと》わなかった。

その明成が会津を離れたのは寛永二十年（一六四三）のことである。保科正之公にお城を引き渡すときに、その責任者となったのが、萱野権兵衛（長修）の九代前の萱野権兵衛（長則）である。

明成の長男である加藤明友が寛永二十年五月、石見国一万石を与えられたが、多くの家臣団を連れて行くことは無理であった。それで会津の各所に土着した家臣がいて、郷士として会津にとどまり、萱野家を支えていたのではないだろうか。

会津藩には三つの家臣団の大きな流れがあった。保科正之公の育った信州高遠からきた高遠衆、山形藩主を経て会津に来たこともあり、そこで家臣となった最上衆、正之公の前の藩主加藤家の家臣であった伊予衆である。

令和六年春から始まるNHKの連続テレビ小説『虎に翼』の主人公三淵嘉子《みぶちよしこ》は、日本人初の女性弁護士である。萱野権兵衛の甥《おい》で、初代の最高裁長官三淵忠彦の長男乾太郎の妻となった。嘉子は戦後のどさくさで夫を亡くし、乾太郎もまた妻に先立たれた身の上で、お互いに再婚であった。浦和地裁所長になった夫乾太郎と同じように、嘉子も家庭裁判所所長となって法曹界で重きをなした。どんな番組になるにしても、少しは萱野家のことが話題になり、権兵衛の最期にもスポットが当たることを期待したい。

会津伝農から野幌酪農へ

高橋が父母と一緒に暮らすようになったのは、北山外二ケ村組合立北山中学校に入学した昭和二十六年のことである。五島家で暮らした年月が長かったために、弟傳夫や妹幸枝からは「あんちゃはいいどころで育ったから」とよく言われた。

当初は祖父の家の裏の小屋を仮住まいとした。翌年には親戚にお世話になり現在の場所に新築した。ようやく父正巳が月給取りになったばかりの頃であった。

祖父喜代四から父は田んぼを少しばかり分けてもらったとはいえ、それだけでは家族を養っていけず、父が外に働きに出たのは、農業では暮らしが成り立たなかったからだ。

そうした家庭の事情もあって、中学校を卒業すると、高橋は昭和二十九年四月、南会津郡荒海村（現在の南会津町）の会津経営伝習農場に進んだ。山口信也元喜多方市長や小林悦郎元昭和村長もそこの卒業生である。

会津経営伝習農場で高橋は、星光政と佐藤恒雄という生涯の友を得た。三人して夢を語り合い、上の学校を目指そうということで意気投合した。関西への修学旅行代金が三千円余かかるので、参加しなかったばかりか、三人して家畜当番をして将来の学資にした。星は法政大学を卒業後に県職員となり、最終的には福島県総務部長の要職に就いた。佐藤は千葉商科大学から塩野義製薬に入り、本社の指導課長まで昇進した。

高橋は酪農を学ぶための資金を手にするために、卒業後も一年間は、自分の部屋でひよこを育て、それを売って金を貯めた上で北海道に向かった。

昭和三十一年四月、高橋は県酪農練習生として北海道江別市の野幌《のっぽろ》高等酪農学校への入学を許された。いよいよ夢に向かっての旅立ちであった。県酪農練習生になるためには、年齢が十八歳以上でなければならず、学科試験と面接をパスしなければならなかった。面接官を務めたのは、福島県の開拓顧問であった小森健治酪農学園短期大学教授であった。

野幌高等酪農学校は昭和二十三年、酪農学園の野幌機農高等学校内に通信制教育の酪農科（一年制）を設置したのが始まり。初年度から入学希望者が殺到したために、通信教育部門を高等学校から分離して、酪農学園の独立した通信制学校として同年十二月に設置認可が出された。

終戦後の食糧とくに農産物の不足は大きな社会問題となっていた。それだけに酪農家の拡大というのは、日本にとっても喫緊の課題であった。しかも、高校進学率が五十％にも満たなかった時代においては、野幌高等酪農学校が「農村地域の若者の溢れる向学心の受け皿」となった。

両親が事前に布団などを送っておいてくれたので、ボストンバッグ一つで単身北海道を目指した。福島午後一時発で夜の十二時に青森に到着した。夜中にもかかわらず、そこから青函連絡船の発着所まで歩いた。青函連絡船は青森を午前一時に出港。函館の港に着いたのは午前六時を過ぎていた。函館港駅から札幌駅までが長かったが、札幌駅で学校の関係者が待っていてくれて、それでホッと胸を撫でおろしたのだった。札幌駅には北海道や東北などを中心に、全国から新入生が集まってきており、そこで一団となって江別市行きの列車に乗った。そして、野幌高等酪農学校で研修を受けてから各農家に配属された。

秩父別の平瀬家で一年間

一年間は北海道の酪農家に住み込みで実習し、もう一年は家に帰って一人前の酪農家を目指すというシステムであった。デンマーク式の酪農を普及させようと、雪印乳業（現在の「雪印メグミルク」）の創設者黒澤酉蔵が昭和八年に北海道酪農義塾を創設したのがはじまり。現在の酪農学園大学の前身で、実践を重視した通信教育である。

高橋が世話になった酪農家は、江別市から五十キロほど北に位置する秩父別村《ちっぷべつむら》（現在の秩父別町）の平瀬家であった。水田が八町、リンゴ畑二町、乳牛十五頭を飼育していた。荒蕪《こうぶ》の地を開拓して、一家を築き上げてきた人たちであり、一年間とはいえ、高橋にとってはかけがえのない体験の場となった。

「水田酪農」ということで、早朝の乳しぼりだけではなく、北海道は秋が短いせいもあって、「今日の仕事は明日に持ち越すな」ということで、取入れの時期などは戦争のような忙しさであった。眠い目をこすりながら、高橋も夜中まで働き詰めだったにもかかわらず、かけがえのない充実した日々であった。

会津とは違って水稲の苗を育てるにしても、まず雪を掘って、そこにビニールを張る温《おん》床《しょう》をつくる必要があった。

秩父別村は屯田兵が開拓したことで知られており、三百メートル置きに牛舎が立ち並び、水田地帯も碁盤の目のように整備されていた。

高橋によれば、北海道で知り合った友達は、福島県はもちろん、青森県にもいたが、かなりの歳月が経っており、名前も思い出せなくなってしまった。

それでも、若かったせいか、夕日に染められた茜色《あかねいろ》の大地が未だに目に焼き付いているという。高橋が村長在任中に、平瀬家の人が飯坂温泉に泊まりにきたので、お土産をもって会いに行ったこともあった。

野幌高等酪農学校はデンマーク式の酪農を教えていた。デンマーク人の先生もおり、土を愛するということで、そのための土壌改良といったことも学んだ。

ルーサン（アルファルファ）という牧草がある。中央アジア原産のマメ科牧草で、蛋白質とミネラルを多く含むことで知られている。それを植えては牛の餌にした。ルーサンを根付かせるためには、アルカリ性の土壌にしなければならず、山から石灰を運んできて、それを細かく砕いて撒いた。

高橋がいた当時は、北海道で有名なのは町村農場や宇都宮牧場であった。ルーサンについては、町村農場の関係者がアメリカに研修に出かけて持ち帰ったといわれている。

町村農場は昭和二年から平成四年まで江別市いずみ野にあったが、平成五年からは現在地の同市篠津に移った。農場直売所での販売以外にも、全国の有名デパートで乳製品を購入することができる。

平成八年からは、元の場所に「旧町村農場」として復元・整備された上で資料館として一般公開されていたが、昭和三年の建築ということで建物が老朽化し、令和六年三月までは休館し、それ以後再オープンする予定になっている。

畜産農家で生計を立てようとした高橋にとっては、活気にあふれた町村農場を知れば知るほど若き情熱を掻き立てられたのだった。高橋が学んでいた当時は、乳を絞るとか、豚を扱うとか、米作りをするという実習が中心であったが、年に三回はそれぞれ一週間くらいの日程で野幌酪農高等学校の校舎で授業を受けた。

高橋が派遣された農家が学校の月謝を払ってくれた。中国から日本にやってきた、農業の研修生と同じようなものであった。自分の金は一銭もかからず、派遣先の農家から、帰る際に子牛一頭をもらった。

高橋正巳 書

第二章　酪農から建設業へ

高橋建設の事務所兼自宅（設立当時）

優良工事の表彰を受けた早稲谷六号橋（昭和 43 年 11 月竣工）

牧場の大規模経営夢見る

高橋は北海道から帰ってくるとすぐに酪農に精を出した。二年目は地元に戻って乳牛を育てるということであったので、一緒に会津から行った友達が、わざわざ北海道から自分の一頭だけではなく、高橋の分の一頭も列車に乗せて運んでくれた。

帰郷する際には高橋は、県農林課長で福島市渡利の官舎に住んでいた、大叔父の堀金七郎宅に一泊した。七郎は会津農林高校から盛岡高等農林学校を出て県職員となっていた。

さらに、北塩原村北山地区出身の大竹作摩が現職の福島県知事であったため、報告をかねて知事公舎を訪ねた。あいにくそのときは留守であったが、高橋が生涯の師として仰ぐことになる人物である。

当初は北海道仕込みの酪農が中心であったが、まだ家の二階が完全にでき上がっていなかったので、それまで同様に、空きスペースを利用してひよこを飼った。

あくまでも春先の小遣い稼ぎではあったが、毎回三百羽から四百羽を育てて知り合いに売った。結構な金額になり、その頃はどこの農家でも自家用に五羽か六羽鶏を扱っていた。

それで高橋はあっちこっち注文を取って歩いた。

ひよこを飼っている所に、仲間がよく遊びに来ていた。まだ夢を実現するにはほど遠かったが、それでも小さな一歩を踏み出すことになった。

現職の知事であった大竹の北山地区の家には、三男の雄幸が住んでいたので、当然のごとくそこにも顔を出した。

同じ北山地区なので以前から顔見知りではあったが、雄幸も乳牛を飼って酪農に力を入れていたので、すぐに意気投合した。「俺のいないときには搾《しぼ》ってくれないか」と頼まれた。「ハイ分かりました」と二つ返事で請け負ったことから、それからなおさら高橋と大竹家との親密な付き合いが始まった。

高橋と雄幸は二十歳も年の差があり、親子くらいに年齢が離れていた。それだけに、実の兄のようによく面倒をみてくれた。その頃の雄幸はまだ北塩原村農協組合長に就任してはおらず、北塩原村農協の理事であった。その後、県共済連専務理事を経て、県経済連専務理事のときに若くして亡くなった。

北塩原村では酪農を中心にした農家は、北山地区では高橋や雄幸以外に武藤宗一、幼馴染で同級生であった谷地の千葉親与などが乳牛を飼っていた。

早朝に相田牛乳店へ運ぶ

高橋は搾った乳を、毎日のように喜多方市の相田牛乳店に持っていった。朝四時から五時には起きて搾る。それから草を刈って餌をやり、夕方の七時ころにもまた搾る。それだけでも大変な重労働であった。

しかし、いくら働いて努力しても、赤字の連続であった。最終的にはそれで止めることになるが、病死する牛もおり、世話は大変で目を離すことができなかった。子を産まないと乳が出ないので、多いときには三頭を飼育していた。

高橋は米のほかにライ麦もつくった。二毛作に挑戦し、稲刈りが終わるとすぐに種を蒔いて、まだ青いうちの五月末に収穫した。

刈り取ったライ麦をサイロに入れて発酵させた。酪農が主であったために、田植えは他の人より遅れてしまい、六月初めであった。

背が大きくなるのがライ麦の特徴で、葉ばかりでなく実も家畜の餌になった。それ以外には「雪中甘藍《せっちゅうかんらん》」栽培も手がけた。若いときに高橋は農業の大変さを一通り経験したのである。

大部分の酪農家というのは、他人から買った飼料を家畜の餌としてミルクをつくるというものだったが、高橋が北海道で学んだデンマーク式の酪農というのは、飼料作物をつくり、その餌によって牛を飼い牛乳を生産することであった。

土壌を改良し、餌も自分で栽培した。それだけに、北海道から帰ってきた当初は、大きな牧場を夢見た時期もあったのだ。

牛乳や乳製品の国民一人当たりの年間消費量は昭和二十三年には四・八キロ、それが昭和三十年には十二キロ、さらに、昭和四十年には三十七キロを超え、食生活の西洋化にともなって爆発的な伸びを示した。

それにともなって生産も一気に拡大したが、規模を拡大しなければ維持するのが難しいという時代に突入した。米作のかたわら一頭か二頭の乳牛を飼うというのは、あくまでも副業的な性格が強かった。

とくに昭和四十年代に入るとそれが顕著になった。農林水産省統計情報部が平成十六年二月に発行した『畜産統計平成十四年度版』によると、昭和四十一年の全国の酪農家は三六・二万戸で、総数は一三二万頭、一戸あたりの成牛数は二・八頭であった。

それが昭和六十一年になると、全国の酪農家は七・八五万戸に減少した。しかし、その一方で総数は二一〇万頭に増加し、一戸あたりの成牛数は一八・一頭にまで増えたのである。生産乳量も三四〇・九万トンから七四五・七万トンを達成するまでになった。

牛乳や乳製品の業界は大幅に成長しているのに、酪農家の数は大幅に減少するというのは、昭和三十六年に施行された農業基本法によって、酪農や畜産が「選択的拡大」の対象となったことが背景にある。酪農経営に集約化や機械化が推進されたが、大規模な酪農が可能な立地条件がなければならず、全国一律というわけにはいかなかった。

大島清は多頭現象について「農家労働力が流出し、それまで家族労働を消化するため副業的に一、二頭の牛を飼っていた農家の多くがその飼養をやめたことである」(『米と牛乳の経済学』)と述べるとともに、同じ農家であっても果樹や米作と比べて儲からないので「牛を売って日雇にでた方が有利になったのである」(『同』)と書いている。

そうした事情を考慮すれば、昭和三十年代の後半から酪農の限界を感じ、髙橋が新たな稼業として建設業にシフトしたのは賢明な判断であった。

「新全国総合開発計画」は昭和四十四年に策定されたが、「開発の基礎条件整備による開発可能性の全国土への拡大均衡化」「国土利用の偏在を是正し、過密過疎、地域格差を解消する」といった方針が掲げられ、全国的規模で社会資本の整備が急ピッチで進められていた。

とくに高度経済成長期の後期といわれる昭和五十年からの十年間は、公共投資の地方圏への配分割合が著しく増加した。大都市部にとどまらずに、地方も公共事業の恩恵に浴することとなった。

免許取りに上京し妹に迷惑

昭和三十六年に高橋は普通免許を取った。わざわざ東京都立川市の日本自動車学校にまで出かけて取得した。上京するにも交通費がかかるし、入学金ばかりか、寮の金も払わなくてはならない。それで金がなくなり、妹の幸枝に泣き付いて事なきを得たこともあった。

妹が勤めていた会社にまで借りに行ったのである。高橋は電話もかけずに顔を出したので、幸枝は「あんちゃ何したの」とビックリ仰天した。一度も訪れたことがなく、どこに会社があるかも分からないのに、住所だけを頼りに探し当てた。立川市は多摩地区であるため、中央線に乗って日本橋の近くで下りたのだった。

幸枝に持ち合わせがなくて、これは困ったと一瞬天を仰いだが、これから妹と結婚するという相手が貸してくれた。後に義理の弟となる仲田《なかた》陸郎《りくろう》である。

そこの会社は印刷関係の仕事をしていた。幸枝は二十一歳で、結婚することになる仲田は五歳上で仕入れの責任者であった。高橋のためにわざわざ会社から前借りしたのだ。

あの時代は免許を取るのも一苦労であった。その頃は車もあまり走っておらず、砂利道であった。テーラー（耕うん機）の免許さえあれば、自動二輪まで乗ることができた。バイクは牛乳を運ばなくてはならないので、それ以前に取得していた。

会津地方のテーラーの試験の会場は、会津若松市の鶴ヶ城の西出丸であった。出張試験もあり、喜多方市の同市立第一小学校のグラウンドを利用した。

高橋はテーラーの試験のときに学科は合格していたが、普通車を運転するためには実技試験にも合格する必要があり、最短で免許が取れる日本自動車学校を選んだ。

昭和三十七年に十二村孝子と結婚した。五島家の高橋の母方の祖母が出た喜多方市豊川から嫁に来た。縁戚で子供の頃から顔見知りだったので、お互いに抵抗はなかった。今と違って農家の長男は結婚が早かった。それだけに、当時としては晩婚の部類であった。

酪農を止め建設業に本腰

普通免許があれば鬼に金棒とばかり、高橋はまずは冬だけ建設会社の運転をした。高度経済の時代で、北塩原村でも大都会に出稼ぎにいく人が多かったが、酪農が中心だったこともあり、冬も牛の面倒もみなくてはならなかった。

最初は穴沢建設や土屋建設などで働いた。いずれも喜多方市の建設会社で、日当稼ぎのアルバイトであった。若くて車を乗り回せるというので、どこでも重宝がられた。

土屋建設の社長が高橋に「資金援助をして欲しい」と言ってきた。高橋は「何とかしてやりたい」と父正巳に頼んだ。正巳は北塩原村役場の建設課の職員だったため、よく知ってい る社長だったので、塩川町柴城《しばじょう》で大きな農家を経営していた実弟の梁田実に金を四十万円都合してもらい、それで一時的には何とか乗り切ることができた。

頼まれれば断れないというのが高橋であり、若いにもかかわらず、面倒見がよかった。五島家の血がそうさせたのではないだろうか。

そこまでしてやったのに、次の年に資金繰りに困り、お手上げ状態になってしまった。土屋建設の社長が「お宅には特別関係ないから迷惑をかけたくない」というので高橋のところに内々に言ってきた。

それで高橋は父と相談した結果、三菱のジュピターというトラック二台を引き取ることにした。月賦が残っていたため、それを高橋が払うというのが条件であった。会津若松市にあった「菱和自動車」の係長と相談して、建設会社が倒産する前に名義を変えた。

人間の運命というものは不思議なもので、高橋が困っている人に手を差し伸べたことで、新たな稼業への道が拓かれることになったのである。

昭和三十年代の景気はうなぎのぼりであったが、同業者間で保証人になることが珍しくなく、一社が潰れると、何社もが連鎖倒産でバタバタ倒れていった時代でもあった。

自前のトラック二台を使えることになったので、なおさら建設会社の下請けの仕事が増えた。とくに山本建設の山本征一社長には世話になった。高橋と同年代ということもあって、友だちのような関係であった。

当時の山本建設は昭和電工が主な取引先であった。高橋は「新潟県の鹿瀬町（現在の阿賀町）にも現場がありましたから、泊りがけで行ったものです」と語る。

昭和電工の喜多方工場が操業を開始したのは、終戦直前の昭和十九年。昭和五十七年まではアルミ精錬の工場であった。また、新潟県津川町（現在の阿賀町）の鹿瀬工場は、戦後早くから化学肥料の生産工場として規模を拡大しフル操業していたが、昭和四十年に新潟水俣病が発覚し、それから縮小の一途を辿った。それ以前のことである。

高橋のこれまでの人生というのは、時代の流れを無視することはできず、一つ一つ事象を掘り下げていくと、そこで悪戦苦闘する人間ドラマが垣間見えてくるのである。

会社設立時は苦労の連続

高橋は昭和三十年代半ばから徐々に酪農から手を引いた。昭和四十年代中頃までは、景気そのものは悪くはなかった。経済企画庁の「昭和三十一年年次経済報告」において「もはや『戦後』ではない。我々はいまや異なった事態に当面しようとしている。回復を通じての成長は終わった。今後の成長は近代化によって支えられる。そして近代化の進歩も速やかにしてかつ安定的な経済の成長によって初めて可能となるのである」と述べている。

建設会社の淘汰ということはあったが、それはあくまでも放漫経営によってであり、第一次オイルショック前の昭和四十七年までは高度経済成長の時代で、建設業界はその恩恵に浴することができた。日本の国の建設投資額も、昭和三十年が約一兆円であったのに対して、昭和四十年には約六兆円にまで伸びた。

それでいて、人手が不足することはなかった。建設業で働く人はいくらでもいた。会津地方はまだまだ第一次産業の農家が大半で、農繁期以外の働く場所としては、建設会社がもっとも手っ取り早かった。

高橋は三菱のジュピター二台からの出発であった。しかし、下請けの手間稼ぎでは、仕事が限られてしまい、人を頼めば赤字になってしまう。

そこで高橋は腹を決めて、昭和四十年に高橋建設を立ち上げた。いよいよ自分の夢に向かって第一歩を踏み出した。時代は追い風であったが、全ての人が良い思いをしたわけではなかったので、あくまで堅実な船出であった。

会社設立時の本社は高橋の自宅であった。電話がなかったので、村内の雄幸の家の電話を使わせてもらった。それで大竹作摩の妻のタイ、孫の宏一、孫娘の千恵子、幸子たちが、「どこどこから電話があったよ」とわざわざ連絡に来てくれた。まるで自分たちの会社のようにして、バックアップしてくれた。高橋建設が現在地の喜多方市桜ガ丘に移ったのは昭和四十三年になってからである。

高橋は作業員を確保するために、まずは「地元の北山地区の方々に声をかけた」という。農家の若い人たちがたくさんいたので、農繁期以外は人手を確保できた。

発足時は山本建設や日本鋪道の下請けが中心であった。道路の舗装をできるような会社が会津にはまだなく、日本鋪道が一手に引き受けていた。高郷村（現喜多方市）にある丸正の仕事もした。

高橋はできるだけ借金をしないようにし、約束手形は切らなかった。銀行も簡単に貸してはくれなかったので、当初の苦労は予想以上であった。

軌道に乗るまでには時間がかかったし、冬の間は会津では建設の仕事がストップしてしまうので、最初の数年は東京などに出稼ぎに行った。大阪に行ってとんでもない目に遭ったのもその頃である。

そのときにはようやく電話が入っていたが、たまたま高橋が家にいると、人夫集めをしていた近所の人が「電話を貸してくれないか」とやってきた。大声で話す内容から「これから大阪に出稼ぎにいくんだ」ということが分かった。

一緒にお茶を飲んでいた友だち佐藤紀夫がそれを聞いて「そうだったら連れて行ってくれ」と頼むと、その人も「いいだろう」という返事で、高橋も同行することになった。

しかし一ヵ月余り働いたにもかかわらず突然、現場の手配師が姿をくらましてしまったのだ。高橋らは金をもらえなかったばかりか、帰りの汽車賃にも事欠くことになった。あり金で東京を目指すしかなかった。東海道線の鈍行を何度か乗り継ぎして、長時間かけてようやく東京まで辿り着いた。高橋は「名古屋でかなり待ち時間があったんだよな」と述懐する。何とか東京には到着したので、それで高橋の埼玉県蕨市の妹の家に一時的に世話になることになった。

高橋はあくまでも追っかけて付いて行っただけであった。大半の人は年上であるが、それでも、見るに見かねて「妹のところに行ってみてご飯だけごちそうになって、それからどうするか決めたらいいべ」と言うことで、みんなを連れて行った。この辺が高橋らしい決断力である。どんな逆境に直面しても、決して狼狽はせずに、前向きに打開策を考えるのである。まさしくリーダーの見本である。

北山地区の人ばかりとはいえ、高橋は自分を含めて十一人で押しかけたので、妹の幸枝はまたまたビックリ仰天であった。いくら何でも人数が人数である。飯をつくってもらって腹いっぱい食べ、ごろ寝で急場をしのいだ。一旦妹の所で落ち着くことができたおかげで、それから各自が知り合いに電話をかけ、それぞれ仕事を見つけるなどして散り散りに分かれた。

出稼ぎの人たちの苦労と大変さを、高橋は身をもって味わった。トントン拍子に世の中を駆け上がったエリートや、裕福な家に恵まれたボンボンとは違って、庶民の血と汗を体験したのだ。

車二台で運搬を請け負う

建設業を始めた頃の冬はあまり仕事がなかったこともあり、会津からジュピターに乗って行って首都圏で出稼ぎをした。喜多方市上三宮から出た人が横浜で新和建設という会社をやっていたので、知り合いの武藤六郎の紹介で高橋は大宮から横浜や川崎などに東芝の資材を運んだ。一日一回の行程で、大宮から戸田橋を渡り、それから環状七号線を抜けるコースであった。二年ほどであったが、大都会で働いた経験というのは貴重であった。

昭和三十九年のオリンピックが終わった後でも、日本経済には勢いがあった。それを象徴するのがカラーテレビの普及であった。昭和四十六年にはＮＨＫのカラー受信契約が一千万件を突破した。それだけ国民の懐が豊かになったのだ。昭和四十四年からは東北自動車道の工事も急ピッチで進んでいた。

高橋がそこまで頑張ったのは、稼業を持つという夢を実現したい一心からであった。高橋は「まだ若かったし、絶対に負けられないという思いがありました。やるといえばやりとげるのが私の信条ですから、歯を食いしばって頑張りました」と懐かしそうに語る。

高橋が東奔西走してあまりにも働き詰めなので、それを見かねた近所の人が「伝、体を壊すなよ」と気遣ってくれた一言が、未だに耳に残っているという。

高橋は危うく転落事故で死にかけたこともあった。

夏休み中の学生二人をアルバイトにして、社員の武藤進とジュピター二台で砂利を運んでいたときのこと。

作業はスコップを使った手積みのため汗だくであった。目と鼻の先が阿賀川で水たまりがいくつもある砂利道を走っていると、前日にものすごく雨が降ったために道路が半分割れてしまって、ズルズルと車がひっくり返り落ちてしまった。さいわい太い楢《なら》の木にダンプのボディーが引っかかったので、運よく九死に一生を得たのだった。

後続の車を運転していた武藤進が「おーい大丈夫か」とビックリして飛んで来た。高橋も顔色がなかった。しかし、そんな大事故であったのに、車もそれほど壊れずにすんだ。五、六十メートル下はダムの水が一杯だったので、もし楢の木がなければ、絶体絶命であった。「運も実力のうち」といわれるが、若いときから高橋には運が付いて回ったのである。というよりは、このときに「天は我を見捨てず」を感得したことで、以後の行動努力が運を引き寄せていく、とするのが当たっているかもしれない。

高橋建設は昭和四十三年、山都町（現喜多方市）の県発注工事早稲谷林道六号橋を総額四千百万円で受注した。

今とは違って現場近くにプラント（生産設備）を造ってから工事に着手した。資材の砂利の確保などで若松貨物（本社会津若松）の渡部英敏社長（後の会津美里町長）に協力してもらって完成にこぎつけた。早稲谷六号橋は優良工事の表彰を受けている。

昭和四十五年に高橋建設は有限会社となり、父の正巳が社長となる。本格的な工事を請け負うことになるのはそのときからである。

高橋は「高橋建設は今年で設立五十九年目を迎えますが、そうした過去があって現在があるのです。人生というものは、人に助けられたり、人を助けたりですが、その恩を忘れないということが、人間にとって大事なことだと思います。今まで私がやってこられたのも、多くの人に助けられたからで、私だけでは何一つ成し遂げられなかったのです」と未だに感謝の気持ちを忘れない。

第三章　村づくりの先頭に立つ

裏磐梯中学校

北山ライスセンター

村議の前に村長出馬待望も

高橋が北塩原村議会議員に出る前に「一足飛びに村長に」という声が上がったことがあった。昭和五十六年四月のことである。北塩原村長の鈴木格《ちから》が三期目のときで、ほぼ無投票が確定していた。そこに高橋の名前が急浮上したのだ。

鈴木村長が二期目のときの昭和五十二年四月の村長選は、鈴木と助役安部耕吉の一騎討ちとなったが、鈴木は大塩地区、安部は北山地区をバックにしていたため地区同士の激しい選挙戦になった。その四年後ということもあり、北山地区の若手から高橋待望論がにわかに沸きあがったのだ。

ジャーナリストの上之郷利昭が、月刊誌『諸君』で衆議院に当選したばかりの渡部恒三を「東北のケネディ」と書いたこともあり、会津の若い人たちの政治熱が高まっていた時代であった。高橋は四十二歳になっており、年齢的には申し分なかったが、「村議も経験しないで村長というのは、とんでもない冒険だ」と両親や親戚からは猛反対された。

その後、再度安部耕吉が名乗りを上げ、当選したのは昭和六十年のことであった。

高橋の盟友である鈴木政英元磐梯町長は、その後三十七歳で町長に就任している。それに先んじて三十代で村長になっても不思議ではなかった。高橋は「戦っても負けたと思いますよ。全てに時期がありますから」と一笑に付す。

若い頃の高橋の仲間づくりは、昭和五十年に設立された会津喜多方青年会議所を通じてであった。高橋はチャーターメンバーの一人で会員数も百人を上回った。初代理事長は小野信正元喜多方市議であった。郡山青年会議所佐藤栄佐久（後の福島県知事）と出会ったのもこの時であった。

そこで親交を深めることになった人たちに、喜多方の佐原元（佐原病院長）、山本征二（山本建設）、石嶋民義（石嶋商店）、山都町の斎藤安功（斎藤米屋《やまさ》）がいる。

北山地区の若い人たちが熱くなったばかりではなく、喜多方青年会議所の会員からも「北塩原村長選に出てくれ」と直談判をされた。

高橋が渡部恒三色を旗幟鮮明にしたのは、昭和四十七年の総選挙からであった。恒三の二期目にあたる。喜多方市を中心にした耶麻地区の行動隊長であった。百人以上の会員を動かすことができた和恒会《わこうかい》の会長となった。

会津喜多方青年会議所は伊東正義派と渡部恒三派と二つに大きく分かれていた。後者のまとめ役として最適任と思われたのだ。高橋は「皆がきてくれというので顔を出したら、伝さんが会長だからといわれた」と、事後承諾だった当時のいきさつを語っている。

高橋が和恒会の会長になったのは、当時まだ渡部恒三代議士の秘書であった瓜生信一郎県議に頼まれたからでもある。瓜生が恒三代議士の議員会館で働くようになった昭和四十七年のことであった。そのときから瓜生は熱塩加納村出身であることから、主に喜多方市や耶麻郡の会津北部を担当した。何につけても高橋に相談するような関係が生まれたのである。

旧喜多方商業があった近くに事務所を設置し、地元秘書として活動するようになったのは昭和五十六年になってからである。そして、昭和六十二年県議会議員に当選し、現在は十期目で、押しも押されもせぬ県民連合の会長である。

政治の世界との結びつきも深くなったこともあり、北塩原村を何とかしたいという気持ちはより一層強くなった。そして、どのようにして地域おこしをすればよいかを、自分なりに考えるようにもなった。

高橋は県建設業協会技術部の役員もしていたので、太田豊秋元参議院議員とは県建設業協会技術部長のときに知り合い、それからの付き合いであった。太田は県議五期を経て平成五年の参議院の福島選挙区の補欠選挙に立候補して初当選。それ以降三回連続当選を果たしたが、渡部恒三が平成五年、新生党に参加して自民党を離れた後でも、高橋は自民党の太田を応援し続けた。

高橋は政党よりは政治家個人との関係を重んじた。それをこそこそ隠れてやるようなことはしなかった。渡部恒三にもきちんと断りを入れた上での行動であった。

若い人の力で村議に当選

高橋は昭和五十八年四月、北塩原村議会議員選挙で初当選を果たした。それから村議三期を務めた。平成二年四月には北塩原村議会議長、同年五月には喜多方地方広域市町村圏組合議会議長に就任した。

高橋建設もその頃には基盤が固まり、生きていくための稼業を持つという夢はほぼ達成された。次のステップとして、村長になって村全体が豊かになるようにしたいと思うようになった。

高橋の父正巳は昭和五十四年で村議会議員を辞めていたが、すぐにその後を継いで立候補したわけではなかった。そのときは正巳を応援した地元から後継者が立候補したので、高橋はその選対責任者を務めて義理を果たしたのだった。

したがって五十八年の立候補では、周囲からは当然のように見られていた。高橋が村議会議員になって努力したことは、まずは地域格差をなくすということであった。村議レベルでできることには限界があったが、村の現状をつぶさに直視することになった。それら諸問題はやがて村政のトップに立つことでほぼ達成されたが、村議会議員三期の経験は無駄ではなかった。

高橋は村議会議員選挙で三期連続上位当選を果たした。村議三期目のときに議長に選出された。議長就任時の村長は安部耕吉であった。

高橋が村議会議員になりたての頃は鈴木格村長で、一応は野党的な立場ではあったが、難しい案件については「伝君はどう思うか」との打診があった。それで膝詰めで何度か話し合った。

今では考えられないことだが、市町村議員が党派や考え方の違いを超えて、酒飲みが日常的に行われていた。とりわけ議会が終幕するたびに、会津若松市の東山温泉などで慰労会が行われ、そこで腹を割って話すというのが普通であった。良いか悪いかは別にして、現在のように首長と議会が対立するというギスギスした関係ではなかった。

「ほくゆう会」の二代目会長に

高橋の一回目の村議選から「ほくゆう会」のメンバーが中心になって応援した。昭和五十四年二月二十五日に設立され、北山地区の二十五歳から四十五歳までの働き盛りの年齢層が会員となり、北山公民館で開かれた設立総会には八十七名もが出席した。その趣旨は、お互いの交流と親睦を深め、自己修練に努めながらも、豊かな郷土づくりを目指そうというものであった。

初代の会長には栗村次夫が就いた。翌年には高橋が二代目の会長となり、若いパワーで村政を刷新したいという人たちの先頭に立った。

会員の意見の交換の場として、年に二回、三月と七月に会報を出しており、十周年を迎えたときには、記念誌として合本にした。昭和五十五年七月発行の「ほくゆう会第三号」には、高橋の会長挨拶が掲載されている。

そこで高橋は「確かに現代の社会は青年が青年として生きにくい時代と感じるのは私一人ではないと思いますけれども、私たち若者は自分の理想と現実に悩むべきであっても、決して安易な妥協に流されるべきではありません」と述べ、自分たちを「改革者」と位置付けた。その当時から高橋は「足元の小さな自然に気付き豊かな心を持つ村づくり」という言葉を付け加えた。批判のための批判ではなく、身近なところから出発して、豊かな村にすれば、それが心も豊かにするという考え方を持っていた。

また、昭和五十七年三月に発行された「ほくゆう会第六号」での会長挨拶では、高橋は「私達が今一番考えてやらなくてならないのは、桧原・裏磐梯の人達のことではなかろうか」と書き、お互いの理解を深めることを訴えた。同じ北塩原村に属しながらも「桧原・裏磐梯の人は一日がかりで出てこなくては用が足りないような不便な状態は、同じ北塩原村に住む私達で考えてやらなくてはならないと思います」持論を述べた。

村役場のある北山地区まで出てくるのには、道路網が整備されていなかったからであり、村を一つにするためにも道路網の整備を主張したのだ。

同会が実施したアンケート調査の結果などからも、北塩原村と一口に言っても経済的に一律とはいえず、裏磐梯地区の桧原、金山、早稲沢というのは、所得一つ取っても、米作りが中心の純農村地帯であった北山地区と比べると、かなりの開きがあった。

高橋は喜多方建設業協会青年部長だったこともり、喜多方建設事務所長の江花亮には教えられることが多かった。このため、ライフラインの大切さについて「ほくゆう会」の集まりで講演をしてもらったこともある。

会則では「北友会」は満四十五差で卒業ということになるが、昭和五十九年三月発行の「第十号」では、高橋は退会の弁として「今思えば住民意識調査で一軒一軒雪の中配布したことが昨日のように思われます。あのころはこの絵画、こんあにすばらしい下位になるとは思いませんでした」と述懐している。

村議一期目が終わる時点までは、高橋は「ほくゆう会」の有力メンバーとして活動していたのである。

江花亮の教えを受ける

高橋は喜多方建設業協会技術部長だったこともあり、喜多方建設事務所長の江花亮には教えられることが多かった。このため「ほくゆう会」の集まりで講演をしてもらったこともある。

高橋が初当選をしたときのことであった。お祝いで高橋家に入りきれないほど若い人が集まっていた。喜多方建設事務所長の江花亮もわざわざ顔を出してくれた。しかも若い人の輪に入って、江花は「君たちは何をやっているのか」と尋ねた。

そこに集まった人たちも江花の講演を聞いており、顔は知っていたので、異口同音に「農業をやっています」と返答した。すると江花は「君たちは花卉《かき》の栽培をしてみる気はないか」と話し始めた。

急に真面目な話題になったので、若い人たちも真剣な顔になって受け答えをした。江花は「伝君が村会議員になったので何か協力したいと思うんだが」と切り出すと、その場で「環境をよくするのに道路に花を植えるのはどうだろう」と具体的なことを口にした。さらに、たたみ掛けるように江花は「県の方に話をするから君たち苗木をつくってみないか」と提案した。

渡りに船とばかり、若い人たちも「やってみたいです」と乗り気になり、サルビアとマリーゴールドの苗木を育てることが決まった。

江花のおかげで、北山地区から約十年間にわたって毎年八万本が出荷された。農家一戸あたり年間約百万の収入が増えた。

県の役人である江花のアイディアと行動力に、高橋は一目も二目も置いていた。県の建設予算の仕組みとか、どうすれば国から予算を引き出せるか、国から持ってくるにはこうした方がいいとか、多くのことを高橋は江花から学んだ。

北山地区に近い塩川出身ということもあり、高橋が北塩原村長に就任してからも、親身になって相談に乗ってくれた。佐藤栄佐久知事の知恵袋といわれただけあって、高橋のかけがえのないブレーンであった。

平成四年に村長に初当選

病気で入院中であった安部耕吉村長は平成四年七月、現職のままこの世を去った。それにともなう村長選挙が平成四年九月五日投開票で行われ、高橋以外にも元議長経験者の二人が立候補したが、地元北山地区の全面的な支持を受けて初当選を飾ることができた。村を三分する激しい選挙戦となったが、年齢的には高橋がもっとも若く、五十三歳の働き盛りであった。

高橋は一回目の村長選で「農業と観光の振興」「住みよい生活環境」「若者定住と過疎対策」「生涯学習の推進」「老人福祉の充実」の五大公約を掲げた。

「農業と観光の振興」では生産性と収益性の高い魅力ある農業、環境保全と自然の景観を守ることに力を入れ、「住みよい生活環境」では下水道や道路網の整備、「若者定住と過疎化対策」では働く場の確保と宅地の造成、「生涯学習の推進」では子供たちの可能性を伸ばすことと社会教育やスポーツの振興、「老人福祉の充実」では高齢者の社会参加の場を広げ、保健療養施設としてのいこいの場の建設などの夢を語った。

さらに、それを推進するために、裏磐梯の剣ヶ峯、桧原、早稲沢の各地区については「家族連れでゆっくり自然を満喫できる環境を提供する」とともに「観光とタイアップした教育施設の誘致。北山地区は会津北部のベッドタウンとして位置づけ、大塩地区にはスポーツ施設」といったことを訴えた。

中央のキャリア官僚から市町村の職員まで共通するのは、決まりきったことには対処できても、想定外のことが起きたときや、新しい挑戦をするということには尻込みすることだ。しかし、高橋はそうではなかった。小さな村であっても大きなことができるというのを、身をもって示したのである。

高橋の公約の大半は村長三期の十二年でほぼ達成された。自分が先頭に立って目標を設定し、そこに向かって突き進んだからである。役場職員を奮起させるリーダーシップの賜であった。

折しも昭和六十二年にリゾート法（総合保養地域整備法）が制定されたのを受け、翌年には福島県、三重県、宮城県がリゾート基本構想の第一号に指定された。福島県は「会津フレッシュリゾート構想」であった。

北塩原村関係では東急電鉄による磐梯デコ平開発が盛り込まれていたが、スキー場やホテルの建設は平成元年から開始され、平成四年十二月からは供用を開始した。「会津フレッシュリゾート構想」においては数少ない成功例であった。

高橋が村長就任時には磐梯デコ平開発は完成間近であり、高橋が直接コミットする立場ではなかった。大規模開発は手堅く身の丈に合ったリゾート地を建設しようとした。だからこそ、今も裏磐梯が多くの人から愛されているのである。

地図を広げ振興計画策定

高橋が北塩原村長に当選後すぐに手を付けたのは、北山、大塩、桧原などの各地区の特長を活かしながら、村の振興計画を策定することであった。斎藤八郎総務課長、冠木幸英建設課長と三人で、北塩原村の地図を広げながら、赤鉛筆で色々な場所に印を付けて何度も話し合いを重ねた。

高橋は平成五年一月に発行された広報「きたしおばら」において、就任間もないにもかかわらず、新規事業に取り組んでいることを報告した。特定環境保全公共下水道事業、ふるさと振興公社の設立、桧原小学校と早稲沢分校の統合、裏磐梯小学校の校舎建設、村民の海外研修などであった。

とくに下水道に関しては、裏磐梯の美しい景観を守り、自然環境を保全するためには不可欠であり、高橋は「下水道事業はあまりにも期間が長く、村財政では賄うことができないので、早期完成のための方策を検討してまいります」とまで明言した。この発言を村民の多くは大風呂敷と考えていたようだが、高橋には自信があった。

平成四年度の北塩原村の一般会計予算は約二十六億だったのに、次々と大きなプロジェクトに着手したために、あっと言う間にふくれあがることになった。

北塩原村ふるさと振興公社については平成六年六月二十五日、高橋が社長となり、副社長には渡部新一北塩原農業協同組合組合長、松山昭洋北塩原村商工会長が就任して正式にスタートした。

第三セクター方式で新たな村おこしの拠点が誕生した。これによって農水産物の加工の推進をはじめ、村特産品開発、物産館の運営・委託、環境保全や美化への取り組みが進むことになった。高橋が社長になったことで、官民一体による村おこしが可能となり、小さな村が一つにまとまった。

「海外研修ふれあいの翼」は平成四年から六年まで三回実施された。カナダやアメリカでホームステイを行ったのは、高橋が「若い人たちが夢をふくらますには、海外を見て回った方がいい」と判断したからである。

下水道整備事業は、裏磐梯の湖沼群の透明度が年々悪化していたことや、湖沼などの水の汚れの度合いを示すＣＯＤ（化学的酸素要求量）が増加していたために、すぐに手を付ける必要があったからだ。

このままでは国立公園の裏磐梯の自然の景観や環境が破壊されてしまうということを、広報誌などを通じて周知徹底し、それから高橋は県との交渉に臨んだ。

就任早々県に行って大恥

高橋が村長になってビックリしたのは、職員の士気の緩みであった。やる気が人一倍で、会津北部を代表する建設会社の経営者だったので、なおさらそうした思いが強かった。安部前村長が約一年入院していたためであった。最高責任者がいない職場に緊張感がなくなってしまうのはどこの世界でも同じである。

その辺のことについては、高橋は県のサイドから「職員をなおすのには十年かかるよ」とアドバイスされていた。村役場のことをよく知っている人からも「急いでやろうと思うと失敗するから」とたしなめられた。

いくら村議会議員を三期務めたとしても、事務方のことは精通していなかったので、しばらくは口を出さないようにして見ていたが、事務の手続きに時間がかかっていることに気づいた。書類の提出や決裁もスムーズでなく責任の所在が明確でないことも判明した。

そのために国や県の補助事業がほぼストップしていた。やるべきことがなされていなかったのだ。それに関して、高橋が頭を抱えることが度々あった。

北塩原農協渡部新一組合長からは「去年からライスセンターをお願いしているんですがどうなっているんですか。早く進めてもらいたい」という苦情が村に寄せられた。

高橋は早速、瓜生信一郎県議にお願いし一緒に県に行った。県の横山範雄農業振興課長は熱塩加納村（現喜多方市）出身の人であったが、顔を見るやいなや高橋に「村長何を言ってるんですか。補正予算が国からきたのに、そちらが返してきたから、県としても困ってしまい、東北農政局では東北六県でどこかライスセンターを建設するところはないかというので、無理をして青森県に引き受けてもらったんですよ」と怒られた。

ライスセンターに関しては、平成四年九月に補正が付いたのにそれを断ったのだから、平成五年度の予算に入れるのは困難になってしまったのである。

高橋はそんなことになっているとは露知らず大恥をかいたが、たまたま村のその係が県に出向いていたので、「そんなことあったのか」と詰問したら、申し訳なさそうに「書類提出は一週間では無理ですから」と弁解していた。

これには高橋もまいってしまった。村長に相談することなく返してしまったというのだ。それほどまでに職員が緩みきっていた。

高橋も頭を抱えてしまったが、県の横山課長が何とかしてやりたいということで、その後東北農政局に話をしてくれた。

それからしばらくして横山課長から電話があった。「仙台市にある東北農政局に一緒に顔を出してくれ」というのだ。高橋は瓜生県議にも同行してもらい三人で向かった。

当時の東北農政局長は喜多方出身の白井英男であった。白井が喜多方市長に就く前のことである。白井は会議中であったが、会津から北塩原村長が来たというので、わざわざ時間を割いてくれた。

高橋は「この度はライスセンターの件で大変ご迷惑をおかけしました。おわびを申し上げます。再度、ライスセンターの予算を平成五年度につけていただけるようにお願いいたします」と頭を下げた。

いくら喜多方の人間とはいえ、相手はキャリア官僚のエリートである。小難しいことを言うのではと案じていたが、予想に反して好意的であった。

平成五年から予算が付くことになり、平成五年にはライスセンターが完成した。

北海道での酪農実習の経験からも「今日の仕事は今日のうちに」というのが高橋の信条であったが、村役場では容易ではないことを思い知らされた。そこで高橋は、県にお願いをして平成四年十一月、県からの出向で天野金一助役を迎え入れた。

小学校統合問題が初仕事

高橋が北塩原村長に就任して、真っ先に解決を迫られた問題が、桧原小学校と早稲沢分校の統合であった。同じ桧原地区の桧原本村と早稲沢との間で三十年以上にわたって折り合いが付かなかった。高橋が村議会議員のときにも、色々と打開策を講じたが、誰が間に入っても一歩も先に進まなかった。

その当時の児童の数は早稲沢が三十八人。桧原が十五人であった。本校が分校よりも人数が少なかった。そういう事情が障害となっていた。

初仕事として高橋はその二つを統合する道筋を付けた。当選した翌日から説得に全力を上げた。平成五年三月には実現の目途が立った。

早稲沢としては、桧原小学校と一緒になるよりは、最初から裏磐梯小学校に行きたいとの希望が多かったが、高橋は「まずは段階を踏まなければ難しい」ということを懇々と説得した。早稲沢分校が平成五年三月、開校以来五十年の歴史に幕を下ろした。引き続いて桧原小学校が平成九年には閉校となり、桧原地区の児童は裏磐梯小学校に通うようになった。

裏磐梯中学校統合やさくら小も

平成七年、桧原中学校と裏磐梯中学校が統合して新生裏磐梯中学校が誕生した。生徒数は七十四名であった。平成九年には裏磐梯幼稚園も開園した。

さらに、平成十九年には北山と大塩の小学校、幼稚園が統合して、さくら小学校、さくら幼稚園がそれぞれ開校、開園した。

大塩地区から反対の声を上げたのは高齢者が多かった。高橋は「自分が出た小学校や幼稚園がなくなるというのは、耐えられなかったからだと思います。それでも若い人たちや女性は理解を示してくれたので助かりました」と回顧する。

高橋が村議であった時代の昭和六十二年四月、北山中学校と大塩中学校が統合して北塩原村第一中学校がオープンした。

児童生徒の減少というのは全国的なものであったが、北塩原村に限ってみれば、高橋が平成の早い段階で手を打ったことで、混乱を最小限にとどめることができた。

明大セミナーハウスの誘致

桧原中学校が裏磐梯中学校に統合されるにあたっては、高橋は地元と約束をしていた。閉校した桧原中学校校舎を活用するということであった。「言うは易く行うは難し」の難題を自分に課していたのである。

何か情報がないかと思って平成七年、渡部恒三代議士の秘書であった佐藤雄平（前福島県知事）のもとを訪ねた。一緒に食事することになり、衆議院議員会館食堂にいたら、ＮＨＫの課長を退職した人が佐藤のところへ挨拶にきた。

高橋とも話しこむことになり、その人が「ちょっと動いてみますか」と言ってくれた。そのうちに高橋に連絡が入り「東洋と二松学舎は無理みたいですが、明治大学は感触がよく脈があります」ということであった。

それで大分県出身の原理事に会った後で、お茶の水の駿河台にある明治大学の理事長室で岡村了一理事長に陳情することができた。岡村理事長はＮＨＫの解説委員長であった岡村和夫の兄弟で、かなり前向きであった。

岡村理事長は同年秋に裏磐梯に視察にきた。かなり寒いときであったので高橋は心配したが、それでも岡村理事長の方針は変わらず、明治大学の理事会がグランデコで開催されたばかりか、高橋は栗田健総長とも面会することができ、良好な感触を得た。その後、明治大学との協議では、改修その他一切の経費は明治大学で負担することとして、村としては桧原温泉組合の株を二株あげることとした。そうした経緯から平成九年、旧桧原中学校校舎は明治大学の桧原湖セミナーハウスとしてオープンした。宿泊ができるのが十二室で、七十四人が収容できる規模であった。

高橋の明大セミナーハウス誘致については、喜多方の明治大学校友会長の葛岡庄衛や樫内建設社長の樫内祐二郎も同窓生として全面的に協力した。平成二十九年三月には諸般の事情でクローズしたとはいえ、約二十年の歳月を刻むことができた。

村長選二期目は心を鬼に

高橋は平成二十年九月まで四期にわたって村長を務めたが、選挙になったのは一期目と二期目である。三期と四期目は無投票で対抗馬が出なかった。

大竹作摩元県知事の孫である宏一が、高橋と一騎打ちとなったのは、二期目の平成八年八月のことである。高橋には思いもよらないことであった。身内同士の選挙戦の様相を呈したため、大竹作摩の側近であった若松ガスグループの高木厚保会長、大竹家の本家である大竹良男にも心配をかけることになった。

最初から高橋は三期で全てやり終えるという目標を持っていた。中途で投げ出すわけにはいかなかった。高橋は「あのときほど辛いことはありませんでした。大竹作摩先生を人生の師として仰ぎ、雄幸さんには色々と面倒をみてもらいましたから、孫の宏一君と戦ったのですから、心を鬼にして選挙戦をやり抜くしかありませんでした」とその当時の心境を語る。

大竹家は裏磐梯の桧原地区や大塩地区にたくさんの親戚がある。その人たちが結束すれば、高橋とてひとたまりもなかった。しかし、その親戚の人たちとは学校統合問題などで心が通じていたことや、一期目にもかかわらず、桧原地区の早稲沢や金山のために力を入れたこともあり、それでかろうじて二期目も当選することができた。

高橋は「宏一君については、私の後の村長にとも考えていましたので、人を育てることの難しさを思い知らされました」と未だに悔やんでいる。

第四章　湖沼群水質保全と全村下水道構想

裏磐梯浄化センターの全景

裏磐梯の清流

村単独を断固として拒否

高橋が村長時代に手がけた事業として、もっとも高く評価されているのは、全村の下水道整備をやり遂げたことである。村の単独事業から県の事業になったことで弾みがついたのだ。村の下水道が県の事業となったというのは、全国でも北塩原村だけであった。

裏磐梯などの下水道事業が平成五年度より村単独から県の「裏磐梯湖沼水質保全緊急下水道事業」に格上げされた。その前段として平成四年度中に県は「裏磐梯湖沼水質保全計画」を作成し、危機感をもって対応することになった。

しかも、県の直轄事業ではあっても、工事を北塩原村が行い、必要な経費を県が代替するという方式が採用された。江花亮県土木部長から「裏磐梯湖沼水質保全緊急下水道事業」の予算案が三月県議会にかかるというのを、事前に聞いていたので、高橋はホッと胸をなでおろした。

しかし、そうなるまでには高橋の並々ならぬ努力があった。高橋が一歩も引かずに県と激しくやり合ったからである。村議会議員になった時点で、下水道整備の必要性を強く訴えた。

村議会の一般質問でも何度も取り上げた。

平成二年の頃の裏磐梯の湖沼群は、アオミドロで汚染されており、その原因として指摘されていたのは生活排水であった。

裏磐梯水質保全協議会という組織があって、そこには北塩原村ばかりではなく、猪苗代町、郡山市、会津若松市も入っている。裏磐梯の水は郡山市や会津若松市などの飲料水にもなっており、北塩原村だけの問題ではないからだ。

裏磐梯の湖沼群の汚染が深刻化すれば、それこそ飲料水にも悪影響がある。高橋は「村のレベルではなく県が責任を持つべきだ」と主張したのである。

佐藤栄佐久知事の二期目の知事選と、高橋が村長に当選した平成四年の一期目の選挙がまた重なり、栄佐久知事と高橋が裏磐梯の同じ場所で街頭演説をした。

そこで栄佐久知事は「裏磐梯で、湖が汚れてきているから、何としてもきれいにしなくてはならない」と演説をした。高橋もまた、栄佐久知事と同じことを選挙公約として訴えた。

ここで高橋は「これは何としても県や国にやってもらわなくてはならない」との思いを強くしたのである。

しかし、いくら方向性は確認できたとしても、県の事業に格上げするためには、いくつもの障害を乗りこえねばならなかった。

裏磐梯の下水道工事は、当初は村単独の特別環境保全事業ということで、予算も微々たるものであった。高橋の前任者の安部村長のときの平成三年度に認可されており、平成四年度からスタートしていた。

同事業の計画では、一部の供用開始は平成二十三年度ということであった。それで平成四年の春には一千万円の予算が付いた。同じ平成四年九月に七千万円の補正予算が付くことになったが、「小さな村では無理ですからお返しします」と見直しを求めた。

北塩原村の年間の総予算が二十六、七億円しかないのに、裏磐梯だけでも下水道整備に約百億円かかる。そのうちの四十五億円は村が負担しなくてはならないのである。

約百億円ということになれば、補助が五十五％出たとしても、村はとんでもない負担を強いられるからだ。

村の財政事情からしても、出せるのはせいぜい年に二億から二億五千万位である。それだと裏磐梯だけで五十年もかかる。そんな悠長なことを言っていては、切迫化した裏磐梯の湖沼群の保全などできるわけがないからである。

また、高橋は「裏磐梯にとどまらず、北山地区や大塩地区を含めて平等に整備されるべきだ」という考え方であったため、その点を強調することをわすれなかった。

約二百億円かけて全村下水道整備

最終的には全村が対象となり、総額も約二百億円にふくれあがった。高橋が強気に出なければ、裏磐梯の湖沼群の汚れはそれまで以上に深刻化し、北山地区や大塩地区の下水道、桧原、金山、早稲沢の農業集落排水整備事業はできなかった。

高橋の主張に耳を傾けざるを得なくなった県は、「平成四年度分補正予算は引き受けて欲しい」と言ってきた。「それが執行できないと国からの予算が減らされてしまう」というお家の事情があったからである。

補正予算ということもあり、七千万円を返すとなると今後の県全体の特定環境公共下水道事業に影響するので、平成五年三月までに県が打開策を講じるということであったため、高橋もそれに応じる事にした。

高橋の要望がかなえられたので、形式上は当初の予定通りの平成四年度着工ということに落ち着いた。

裏磐梯だけでも約百億円が見込まれ、国からくるのが五十五％で、残りの四十五％は村の持ち出しということになる。無利子に近い下水道債を用いれば二十年から三十五年で返済しなくてはならない。しかし、県が代行ということになれば、残りの四十五％は県で持つことになる。そうなるために、高橋は梃子でも動かなかったのである。

高橋は何度も何度も県と交渉を重ねた。県の財政課長からも村役場に何度も電話がかかってきた。県の部長会などでは「とんでもないのが北塩原の村長になったもんだ」「前の村長が要望してきたから予算を付けてやったのに」と文句が出るなど、部長の大半が反対であったといわれる。

その後、福島県は過疎代行事業の補助制度を創設した。裏磐梯の湖沼群を守るためということで、平成五年四月には県より大堀誠下水道課長が派遣され、全面的にバックアップすることになった。

整備目標年次も平成十二年（平成九年一部供用開始）という方針が打ち出され、大幅にスケジュールが短縮された。とくに裏磐梯の小野川に関しては平成七年夏に、他よりも一足早く供用が開始されることが決まった。

北塩原村としても「アクアサンクチュアリプラン」（全村下水道化構想計画）を策定し、

裏磐梯だけではなく、大塩地区、北山地区を含めての一大プロジェクトと位置付けた。

県事業で予算も大幅増に

本格的な国の予算がほぼ確定した平成五年、お礼かたがた県の佐野恒彦下水道課長と建設省に出向いたが、小さな村がそこまでできるわけがないと、高橋は怪訝《けげん》な顔をされたのだった。

建設省の下水道部長から「村の人口はどのくらいですか」と高橋は聞かれた。「三千ちょっと」と正直に述べると、即座に「いくら予算を出しても二億円ですよ。村の財政がなりたっていきませんよ。村長さんどんな考えをしているんですか」と問い詰められた。

佐野課長が「あくまでもこれは県事業ですから」と助け船を出してくれたので、相手も「はい分かりました」と了解をしてくれた。県事業ともなると国の対応も変わってくるのである。

県の事業になったことで平成五年度に八億の予算が付いた。佐野課長が「北山と大塩が、平成八年度から着工する計画になっているのを、平成六年度に前倒ししたらどうですか」とアドバイスをしてくれたので、高橋もなるほどとぽんと膝を打った。

そもそも村の予算は一つで、それを無理に分ける必要などないからだ。佐野課長は「もう今年度から入れてしまったら」とも言った。実施計画に関しても「県でできますから大丈夫ですよ」とまで明言した。その助言を実行に移したところ、引き続いて同年秋にも多額の予算が付いた。平成六年度には北山地区が着工した。

特別環境保全下水道特別会計の歳出は、平成七年度一八億七三一七万円、同八年度一八億四八二四万円、同九年度一八億七一九七万円、同十年度一〇億九二八二万円といったように、村の予算規模もとんでもなく膨れ上がった。平成九年九月二十四日、裏磐梯浄化センターが待ちに待った通水を開始した。

下水道事業と災害復旧事業で予算九十三億

平成八年度は前年八月二日から三日にかけての集中豪雨による災害復旧事業の支出もあり、一般会計で六一億八二四六万円、特別会計で三一億八九八二万円、総額で九三億七二二八万円の歳出があり、小さな村では考えられない大型予算をこなした。

平成七年八月三日の集中豪雨では、村道大塩桧原線や村道神楽岩長線の「大橋」の橋台が決壊したほか、崖崩れで大塩地区の国道四五九号線が通行不能となった。大塩地区では約九十人が十日間の避難生活を強いられた。被害は大塩地区を中心に村関係約二十億円、国・県関係約二十二億円で約四十二億円に達した、北塩原村としては未曽有の大災害であった。

同年度中に農地等災害復旧事業に一億七六七四万円、林道災害復旧事業に八〇七一万円、道路河川災害復旧事業に十億七七四七万円、河川等災害関連事業に二億一六八一万円の予算を執行した。

平成十年八月六日から七日にかけても北塩原村は集中豪雨に見舞われた。このときには大塩川に注ぐ蟹沢川が氾濫し、国道四五九号線沿いの大塩の商店街が水に浸かった。桧原地区早稲沢の中原地内では農地が流出したほか、村道の蛇平小野川線で崖が崩れた。被害総額は村関係だけで約八億円に達した。

同年度中に復旧事業として、農地に三七七五万円、林道に三八一一万円、道路河川に一億八一四四万円、学校施設に七三五五万円、簡易水道施設九三〇万円の予算を執行した。

災害時にも高橋の手腕は発揮された。現場がどうなっているかを自分の目で確かめた上で善後策を講じたのである。

平成十四年でほぼ完了へ

裏磐梯に続いて平成十一年には北山浄化センター、平成十四年には大塩浄化センターが通水を始めた。

平成七年に小野川、平成八年に早稲沢、平成十年に金山、平成十三年に桧原の処理施設が通水を開始した。

桧原地区の早稲沢、金山、桧原本村は農業集落排水事業、小野川は簡易排水施設整備事業が採用され、その二つの事業に約五十億円が投じられた。

裏磐梯は管が太いために工事費がかさんだが、平成十四年度までに問題のあるところ以外はすべて完成した。約十年間で約二百億円の下水道の大事業が、村負担なく完成することが出来たのは、高橋の尽力・努力はもちろんであるが、佐藤栄佐久前知事をはじめとする関係する人たちの、裏磐梯の湖沼を守ろうとする熱い思いがあったからだろう。高橋は「佐藤前知事をはじめとする方々に足を向けては眠れない」と語る。

北塩原村の下水道事業が県の事業になったことで、それから以降は、下水道の本線だけは県代行制度ができた。その後熱塩加納村、山都町、塩川町の下水道が、平成十八年に喜多方市と合併する以前に急速に普及することになった。

第五章　いこいの森構想で村を一つに

ラビスパ裏磐梯オープン

道の駅裏磐梯「裏磐梯ビューパーク」

役場以外は村の真ん中に

高橋が就任早々に取り組んだのが「いこいの森構想」であった。村民誰もが分かるビジョンを示すことで、北塩原村を一つにしようとしたのだ。

裏磐梯からは北山地区や大塩地区のことが見えない。逆に北山地区や大塩地区の人からは裏磐梯のことが見えない。それを解消するには、真ん中に誰でも集まるような場所をつくることを考えたのだ。

このため、村民がどこに住んでいても、集まりやすい桜峠に大きな拠点となる建物をつくるという計画を立てた。それがラビスパ裏磐梯を中心にした「いこいの森構想」であった。昭和六十三年から平成元年にかけて、竹下内閣の「ふるさと創生事業」で村に一億円が交付された。アイディア募集や懇談会が開催されたが、遅々として使い道が決まらなかった。

高橋が満を持して提案したのは、桜峠付近をいこいの森にし、観光拠点をつくるだけではなく、村民の健康施設（保健センター、デイサービスセンター）などの機関を一カ所に集めるといったものであった。

これもまたあまりにも村として遠大な計画であったので、役場職員の中には戸惑う人もいたようだが、高橋は「まったく気にしません。村民が村の中心に目を向けることで村が一つになる」ということで説明につとめた。その一方で、高橋は場当たり的に物事を進めたわけではなく、計画的に準備を進めた。それなりの順序を踏んだのである。

「いこいの森の基本構想」が村議会全員協議会で了承されたのは、平成六年五月二十七日のことである。前年三月に策定された北塩原村第二次総合振興計画にもとづき「大塩地区に温泉の魅力を活かしつつ、新たな観光開発と村民の健康づくりのための施設を整備する」という内容であった。国道四五九号沿いの桜峠に面した牧野の一部を活用し、それに隣接する国有地を買い受け、総面積約五十ヘクタールのエリア内に、温泉健康増進施設、地域福祉センター、多目的森林交流ハウスなどを、今後五年間で整備するというもので、総事業費は約四十五億円と見込まれた。

平成六年度中に国の補助事業で国有地の払い下げを受け、平成七年度から二年かけて温泉健康増進施設を建設することになった。

すでにその段階では、事前調査がほぼ終わっていた。飲料に適する水があることや、村全体で実施した地下八百メートルから千メートルにかけてのボーリングにより、温泉があることも判明した。資金の目途がなければ、アドバルーンを上げただけに終ってしまう。その財源としては「ふるさと創生資金」のほかにも、国や県の補助金や過疎債をあてた。

国立公園である裏磐梯は、桧原湖から周囲の山々の稜線までが規制の対象。桜峠は普通区域であったため、事業をスムーズに進めることができた。

約二十ヘクタールの村営牧場があった場所だけでは間に合わず、約三十ヘクタールを村が国の補助金を受けて取得した。このときに骨を折ってくれたのが林野庁から村に出向していた菊池博輝観光課長であった。

したがって、北塩原村はほとんど負担することなく、膨大な土地を手にすることができた。村民が利用する保養施設として、村の中央の大塩地区に属するというのは好都合であった。大塩地区に属しながら桧原湖もそれほど遠くはないというメリットもあった。

また、高橋は「ラビスパ裏磐梯」を裏磐梯観光の新たな目玉にしようとした。観光地としての裏磐梯は、全国的にも有名であるばかりか世界的にも知られている。訪れる観光客は年間二百五十万とも三百万ともいわれている。にもかかわらず、交流人口としての滞在型が少ないのは受け皿がなかったからで、雨の日にも対応できる観光施設の建設が求められていた。

高橋がラビスパ裏磐梯をつくったのは、トレッキングコースを楽しんでもらって、長期滞在型の観光地を念頭に置いた上でのことであった。

メインはラビスパ裏磐梯

メインとなるラビスパ裏磐梯は平成七年に建設工事に着手し、平成八年七月三十日にオープンした。当日は午後二時から一般に開放されたが、約千人の行列ができるなど、上々の滑り出しであった。

高橋は「ラビスパ裏磐梯」の竣工祝賀会で、「子供からお年寄りまで楽しみながら健康づくりをしていただきたい」とあいさつをした。まずは地元の人に利用してもらいたいという思いがあったからだが、新たな観光名所としてのデビューの日ともなった。

ラビスパ裏磐梯は総工費約二十七億円。鉄筋コンクリート三階建てで、建築面積は約二千平方メートル、延床面積は約四千五百平方メートル。プールゾーンは一階から三階まで吹き抜けで、一階にはレストランやカラオケルーム、二階にはフロント、大浴場、露天風呂、物産コーナーなどがあり、エレベーターも設置された。

引き続いて平成九年五月はラビスパ裏磐梯の国道の向かいに、北塩原村社会福祉協議会が運営する「デイサービスセンター・在宅介護支援センター」がオープンした。

さらに、平成十四年三月十六日には北塩原村保健センターが「デイサービスセンター・在宅介護支援センター」の隣接地に開所した。

高橋が思い描いていた「いこいの森構想」がほぼ実現した平成十四年四月二十七日、ラビスパ裏磐梯の入場者が百万人を突破した。六年間で大台に乗せることができた。百万人目の入場者は埼玉県から来た家族連れであった。

「道の駅裏磐梯」オープン

裏磐梯ビューパークの愛称で親しまれている「道の駅裏磐梯」が平成九年七月十日、国道四五九号線沿いの桧原湖を眺望できる景観の地にオープンした。三角屋根の二階フロアは見晴らしの良い展望台となっており、裏磐梯や桧原湖を眺めることができる。

ここは昭和三十年まで裏磐梯小学校雄子沢《おしざわ》分校があった場所。そこから南東に立地していた雄子沢集落は、磐梯山の噴火の土砂崩れで全世帯が埋没してしまい、屋外に出ていた人だけが助かった。同集落があったあたりは、現在は雄国沼に向かう登山道入り口の雄子沢駐車場となっている。

最初から道の駅として建設されたものとしては、南会津町の「道の駅たじま」が平成七年にオープンしたのに続いて県内では二番目。県内で六番目といわれるのは、喜多方の「喜多の郷」、福島の「つちゆ」などは以前からあったものが平成五年に道の駅として登録されたからである。

平成十五年には農産物直売所も開設され、春はアスパラ、トマト、きゅうり、ウド、ふき、サヤエンドウ、夏は桃、トマト、梨、ぶどう、大根、秋はリンゴ、柿、トウモロコシ、じゃがいも、きゅうりなどが売られている。道の駅自体は四季を通じて営業しているが、農産物直売所に限っては、営業期間は毎年四月から十一月までである。

平成十年一月三十日の全国町村会定例総会において、北塩原村が優良町村として表彰を受けた。県町村会定期総会が同年二月二十五日、福島市の県自治会館で開催され、そこで高橋は表彰状を受け取る光栄に浴した。

高橋は二期目半ばではあったが、全村下水道化構想の実施、「ラビスパ裏磐梯」や福祉センターを含む「いこいの森整備」などが高く評価されたのだった。

第六章　自然景観活かした滞在型観光地

スキーでトレッキングコースを調査する高橋（右）

登山家の田部井淳子さん（右から３人目）と
裏磐梯のトレッキングコースで。右端は高橋夫人

トレッキングコース整備

小野川湖畔探勝路が完成した平成十二年十一月十日、総延長八十キロの十九（登山道を含めると二十三）のトレッキングコースが完成した。

トレッキングコースの情報発信基地としては平成十年六月三十日、国民休暇村の向かいに、「裏磐梯サイトステーション森の駅」が設置された。

レンゲ沼・中瀬沼探勝路のすぐ近くで、トレッキングをする人たちのために、コースの案内や情報を発信している。自然観察や体験学習、地場産品の直売なども行っている。

トレッキングコースの先鞭を付けたのが、平成七年六月一日にオープンした「早稲沢・デコ平自然ふれあい探勝路」であった。予算は五千百万円で林野庁の資源活用型林業構造改善事業（みどりのアメニティ整備事業）の補助金をあてた。

ファミリー向けの五・三キロで、ブナの原生林や、環境省の名水百選に選ばれた百貫清水、落差が五十メートルの布滝、水芭蕉の生息地などがある。

トレッキングコースとして設定されたのは、桧原湖を囲むルートだけではなく、東は小野川湖や秋元湖の近く、南西に位置する雄国沼なども含まれている。一日で歩くことができないので、何日もかけてということになる。

桧原湖の北部の西吾妻山や西大巓《にしだいてん》の山麓のデコ平湿原から桧原地区の金山にかけては「桧原歴史巡り金山浜探勝路」「吾妻川渓流探勝路」「早稲沢・デコ平探勝路」「西吾妻山登山道」がある。

桧原地区から細野にかけては「堂場山どんぐり探勝路」「桧原・細野パノラマ探勝路」「裏磐梯野鳥の森探勝路」がある。

ラビスパ裏磐梯と雄子沢登山口の両方から雄国沼までは「雄国パノラマ探勝路」「雄国せせらぎ探勝路」がある。

雄国沼から猫魔ヶ岳、磐梯山にかけては「猫魔ヶ岳やまびこ探勝路」「磐梯山八方台登山口」「磐梯山裏磐梯登山口」がある。そこから「五色沼自然探勝路」とつながるのが「磐梯山翁島登山口（押立口）」「磐梯山猪苗代登山口」「磐梯山川上登山口」である。

桧原湖の東部、曽原湖、小野川湖、秋元湖などの周辺には「桧原湖畔探勝路」「中瀬沼探勝路」「レンゲ沼探勝路」「曽原湖畔探勝路」「秋元・中津川渓谷探勝路」「小野川湖畔探勝路」「小野川不動滝探勝路」がある。

高橋が裏磐梯にトレッキングコースを整備したいと思ったのは、裏磐梯の佐藤喜代司から「地元の山には百貫清水など宝がいっぱいある。それをうまく利用できないものか」という提言があったので、議長であった平成三年頃から胸に温めていた。

村長一期目の平成五年四月十二日と十九日の二回にわたって、高橋自身が団長となって「西吾妻山〜早稲沢」と「桧原〜高曽根山」を調査した。

「西吾妻山〜早稲沢」は、山形県側から入山し、スキーを利用しながら、中大巓《なかだいてん》、西吾妻山、西大巓を踏破し、西大巓からは小野川上流部の湿原地帯に足を踏み入れ、環境庁の名水百選に選ばれた「百貫清水」を確認してから、吾妻川沿いに早稲沢に下った。

西吾妻山頂付近の樹氷群や、西大巓真下のアオモリトドマツの林、そこからさらに下に広がるブナ林を確認できた。また、百貫清水の湧水池から渓流美を誇る吾妻川沿いの早稲沢にいたる景観は秀逸であった。

トレッキングコースには含まれなかったが、「桧原〜高曽根山」では、桧原開拓パイロットから高曽根山に登り、そこから村道大塩・桧原線の蘭峠《あららぎとうげ》付近に下りるという経路も見て回った。「新編会津風土記」によると、蘭峠は旧米沢街道で大塩と桧原の間に位置している わずか二町（約二一八メートル）ばかりの山道で、蘭坂とも言ったが坂は急だった。その名は峠の南面に群生していた蘭《あららぎ》（柳葉蘭）に由来している。蘭とは行者ニンニクのことであるという。

高曽根山からの展望は絶景そのものであった。頂上全面が笹の群生で覆われているため、三六〇度のパノラマを楽しむことができる。眼下には裏磐梯、大塩地区、北山地区とその先の会津盆地が一望でき、飯豊山、吾妻連峰、磐梯山が目の前に聳《そび》えている。

裏磐梯にいくら観光客が来ても、日帰りで素通りされるようでは地元が潤わない。高橋は「一泊も三泊もしてもらうには、桧原湖周辺の山々を歩いてもらうのはどうだろう」ということで、トレッキングに目を付けたのだ。

しかし、総延長八十キロを整備するのには時間がかかった。それで二期目の後半にずれ込んだのである。

本格的なコースの設定にあたっては、やはり村長自身が先頭に立つことにした。それ以前から探勝路は少しずつ整ってはきていたが、広域的なものにするには、それなりの期間をかけざるを得なかった。

山スキーは初めてなので、平成五年のときと同じように、平成八年から三年かけて高橋自身が冬の裏磐梯を見て歩いた。村役場の職員でスキーの上手な佐藤忠幸農林観光係長、早稲沢の熊狩りの猟師をしていた小椋清一、小椋敏広に協力を依頼した。

今回はあくまでもトレッキングコースの設定ということなので、それで高橋は有識者にも加わってもらった。令和三年まで環境省東北地方環境事務所所長で、その当時は磐梯朝日国立公園管理官であった、現在の小沢晴司福島大学客員教授・宮城大学教授に同行を願った。

冬に目印を付けたところを、夏になって確認しながら回ったこともあったが、雪が消えると景色が一変してしまい、手の届くところに付けたはずの目印が、地上から六、七メートルの高さにあったりして、戸惑ってしまったことも度々であった。

春先になってまだ残雪がある頃の方が目印も見つけやすいので、あえてその時期に測量するように業者に依頼した。それでようやくトレッキングコースが決まった。最後の詰めの段階では、一年間に三回も主だったコースを見て回った。

桧原湖国際フェスタ開催

お披露目としては、平成十三年九月十四日から十六日までの三日間にわたって「桧原湖国際トレッキング・フェスタ」が開催され、全国から三千七百人が参加した。パキスタン、ネパール、ウズベキスタンの駐日大使家族、村と姉妹都市となっているニュージーランド・タウポ市ツランギ地区からの一行もトレッキングを楽しんだ。

当初の予定では、参加者にハワード・ベーカー米国大使夫妻を始めとして、各国の大使館家族が見込まれていたが、その三日前にアメリカ同時多発テロ事件が起きて、世界中が大騒ぎになったために、大使館関係者の多くが、警備上の問題から裏磐梯を訪れることができなくなった。

それでも、天然記念物の湿原をめぐる「雄国パノラマ探勝路」、エコガイド体験の「裏磐梯野鳥の森探勝路」、百名山チャレンジの「磐梯山裏磐梯登山口」などは賑わった。ニュージーランドからの訪問団は「五色沼自然探勝路」「レンゲ沼探勝路」をトレッキングして、裏磐梯の自然を満喫した。

桧原地区の早稲沢浜ではイワナつかみ取りが行われた。裏磐梯休暇村の多目的広場では地元の人たちが豚汁を振舞った。物産展コーナーが設けられ、村の特産物である高原大根、会津山塩、トウモロコシなどが並べられ、飛ぶように売れていた。

トレッキングというのは、もともと英語では、移動や旅行といった「トレック」が語源である。必ずしも山頂をめざすのではなく、専門的な道具を使わずに山登りをし、山麓を歩くのがトレッキングである。

川に沿って歩く「リバートレッキング」、スノーシューズを履いて雪山を歩く「スノートレッキング」、稜線を何日もかけて歩く「ロングトレイル」などがある。

日本生産性本部が発行する『レジャー白書2022』によれば、登山人口は四百四十万人、ハイキング人口と合わせると九百万を超えるとみられている。

海外の影響もあって最近になって注目されているのが「ロングトレイル」である。令和五年六月には北海道から沖縄までを結ぶ全長1万キロメートルの「ロングトレイル構想」が発表されている。「信越トレイル」が平成十七年に開通。平成二十八年には日本ロングトレイル協会が設立されている。

総務省の令和三年社会生活基本調査などを参考にすれば、トレッキングの対象人口は二千万を軽く超えるとみられており、今後のレジャーの主流になることはほぼ確実視されている。先見の明があった高橋は、それを裏磐梯観光の目玉にしようとしたのだ。

裏磐梯のトレッキングコースが整備されてから二十三年が経過しつつある。高橋が「私が村長を辞めてから東日本大震災や新型コロナのパンデミック騒ぎがありました。ようやく観光客も戻ってては来てるようですが、裏磐梯のトレッキングコースは会津ばかりではなく日本の宝です」と言いきる。これから「ロングトレイル」の本格的ブームが到来し、高橋の蒔いた種が花開くのもそう遠くはないだろう。

緑のダイヤモンド計画を活用

緑のダイヤモンド計画は全国的には平成七年度からスタートした。磐梯朝日国立公園の裏磐梯地域は平成十年度に環境省が「磐梯朝日国立公園裏磐梯地域総合整備計画（「緑のダイヤモンド計画」）」を策定したのを受けて、同年度からスタートし、北塩原村も様々な点で恩恵に浴することになった。

国立、国定公園の核心地域において、わが国を代表する優れた自然の保全や復元を一層強化するとともに、より快適な利用を確保するための整備を、総合的・計画的に推進するのが目的で「自然環境保全修復事業」「自然体験フィールド整備事業」「利用拠点整備事業」「利用誘導拠点整備事業」の四本の柱からなっている。

しかも地元が負担することなく、環境省の直轄事業で国家的な一大プロジェクトであった。県や村の意向も反映されるので、高橋にとっては願ってもないことであった。環境省の緑のダイヤモンド計画の全国の予算が三百億円、磐梯朝日だけで約五十億円の計画であった。

環境省とタイアップするというのは高橋の政治的な立場とも一致した。裏磐梯の景観や自然環境を守りながら、それを活かした村づくりを主張して、大規模な開発優先には与《くみ》しなかった。

雄国沼の休憩舎と駐車場

まず第一弾として、避難小屋の雄国沼休憩舎の落成式が平成十三年六月二十八日に行われた。環境に配慮した平屋建て約百四十平方でログハウス調に改築され、総工費は約四千七百万円。

式典では、雄国沼施設管理運営協議会（北塩原、喜多方、塩川、磐梯の四市町村）の会長の高橋が挨拶したのに続いて、関係者によるテープカットや銘板設置で完成を祝った。

当日は落合良二県環境政策課長がコーディネーターとなり、雄国沼保全サミットも開催された。高橋や白井英男喜多方市長、さらには、環境省、林野庁の関係者が次々と意見を述べた。白井市長が「ここに車を上げたくないが」と発言した。喜多方市熊倉町雄国から道路が通じており、それを規制する必要があった。しかし、シャトルバスを運行するには駐車場がなくてはならない。それで困ってしまったのだ。

待ってましたとばかり、高橋が「県の方で対応してくれると思います」とアドバイスをした。高橋は緑のダイヤモンド計画に駐車場の整備が含まれていたのを知っていたからだ。そのイベントに参加していた落合課長にも「白井市長がお伺いしたいようですよ」と言っておいた。

環境省は三億円くらいかける予定でいた。その計画が県の方にも回ってきていた。環境省との付き合いが深いのは、裏磐梯や尾瀬のある北塩原村と桧枝岐《ひのえまた》村くらいであった。このため、喜多方市はその情報に接していなかったのだ。

高橋が機転を利かせたから実現したわけで、後日白井市長から電話があって「おかげで実現することになりました」とお礼を言われた。

これによって喜多方市熊倉町雄国に「萩平駐車場」が整備された。白井市長は「もっと土地を買ってもよかったんですが、あまり広くすると管理が大変だから」と高橋に語った。何かの会合で塩川町の集まりに行ったときには、白井市長から「高橋村長さんのおかげでできました」と感謝された。

南東北病院裏磐梯診療所が新設・開業

猪苗代からの北塩原村の入り口である剣ヶ峯の景観は、あまりにも酷いものがあった。個人の土地で荒れ放題であった。

同地区の景観が整備されたのも緑のダイヤモンド計画のおかげであった。一億五千万で土地を購入し、それから何十億円をかけて整備した。裏磐梯ビジターセンターを中心に駐車場を作り、使われない建物は全て撤去した。

裏磐梯ビジターセンターと裏磐梯物産館が平成十五年四月二十五日に新たにオープンしたほか、北塩原村裏磐梯合同庁舎が平成十六年七月二十六日に業務を開始した。さらに同年八月三日には南東北病院裏磐梯診療所が新設・開業した。

このうち裏磐梯物産館は、旧裏磐梯ロイヤルプラザを改修したもので、屋根の中央部分がガラス張りで明るくなったほか、無料休憩所やトイレも利用しやすくなった。

高橋が景観整備で参考にしたのは、訪問したスイスのリゾート地ツェルマットであった。平成十四年十一月に佐藤栄佐久知事の欧州視察に同行したもので、高橋以外にも星勝夫桧枝岐村長も加わっていた。ツェルマットの行政担当者との意見交換も行われた。

ツェルマットはマッターホルンの麓にある人口五千五百の小さな町で、一週間以上滞在する観光客が年間百五十万人訪れる世界的なリゾート地である。

「自然環境を壊さずに、それでいて快適な設備が整えられていた」ことに高橋はいたく感動した。

世界的なリゾート地の景観を守るために、看板や建築物に厳しい規制が行われていた。中心街の建物の高さは十九メートル（六階建て程度）以下で、外壁の材質も木材が三分の一以上で、できるだけ自然と一体でなければならず、店の外壁や看板にしても、赤などの原色ではなくて茶色系の木目に統一されていた。

現在の裏磐梯ビジターセンター周辺の建物は、コンビニを含めて同じように茶色系である。コンビニにしても、特有の赤や緑の看板ではなく、自然になじむような色合いを大事にしている。裏磐梯らしいというので、観光客からも好評を博している。

ツェルマットはアルプスの山々を楽しめるのが大きな魅力である。ハイキングコースは全長二百四十五キロに達する。その前年に裏磐梯に十九のトレッキングコースが完成しており、高橋は「連泊してもらうためには、自然を満喫しながら滞在してもらうのがベストだ」というのを再確認した。

さらに、高橋はツェルマットでは一泊あたり二百円の観光税を徴取し、それが年間二百数十億円の収入となっていることや、ホテルやレストラン、山小屋などは「ブルガーゲマインデ」という住民地域経営管理組織が運営しているというのを聞いた。

自然環境を保全するためには、国や県に依存するだけではなく、独自に財源を捻出することも考えなくてはならない時代になっている。高橋は「来村した観光客に協力してもらうような時代が来るような気がします」という見方をしている。

すでに「ブルガーゲマインデ」という組織は北塩原村にもあるが、利益を出すためには、高橋は「滞在型観光が定着することが先です」との持論を述べる。

内堀知事の次長就任時に面会

桧原湖の景観のことで高橋は、今の内堀雅雄知事に骨を折ってもらった。県生活環境部に顔を出すというのは、せいぜい北塩原村と桧枝岐村くらいであった。自然環境の保護に力を入れている市町村となると、限られてしまうからだ。

高橋が県町村会の会長をしていたときで、新年度で県庁の各部を挨拶に回っていたのである。いつも顔を出しているところで、一年前までは次長は空席であった。県生活環境部は奥に部長室があって、その手前に次長室と総務課があるが、何気なく次長室の戸をあけてしまった。平成十三年四月三日のことである。

これは悪いことをしたと思ったので、高橋はすぐに「申し訳ない」と謝った。しかし、相手は就任早々で「どうぞ」と椅子を出してくれた。そこで「昨日就任したばかりです。福島県では高橋村長さんが初めてです」と名刺をもらった。そこには「内堀雅雄県生活環境部次長」と書かれていた。

まだ三十七歳で総務省から出向したばかりであった。初対面にもかかわらず、高橋は「ぜひ北塩原村にお出で下さい」と述べ、裏磐梯物産館のオープン式が四月二十五日に確定していたので、その場で祝辞をお願いした。

そして、高橋はオープン式終了後、桧原湖の遊覧船やモーターボートの船着き場の近くに内堀次長を案内した。桧原湖の景観を損なっている建物を見てもらうためである。

会津若松商工会議所の元会頭であった田島慶三は、北海道出身で実家が網元であった。それで水産物関係の大手であるニチレイが湖畔近くに食堂を開いた。

磐梯吾妻スカイラインが開通した昭和三十四年から十年ほどは観光地の食堂として繁盛したこともあったが、廃業してから二十年も放置されていた。コンクリートの二階建ての大きな建物である。

北塩原村もホトホト困り果てていた。県にいくら陳情しても頓着してもらえなかった。高橋は「これがあったのではイメージが悪くなってしまいます。何とか最初の仕事でやってもらえませんか」と懇願すると、内堀次長は「いやぁー」と困ったような顔をしていた。

それでその日は帰ったが、内堀次長は後日、ニチレイの東京の本社まで出向いて話を付けた。内堀次長から「行ってきました」という連絡があってから、二カ月も経たないうちに建物が壊された。桧原湖の人気スポットの美観を損ねることがなくなり、内堀次長の尽力で頭の痛い案件をクリアすることができた。

県生活環境部市川課長が担当

高橋が緑のダイヤモンド計画で知り合った人に、キャリア官僚の市川篤志がいる。市川は平成十年四月に建設省から出向し、県生活環境部環境保全課主幹を皮切りに、県生活環境部保全課長、県企画調整部交流物流企画課長、県企画調整部企画調整課長、県企画調整部次長を歴任し、建設省が国土交通省となった国に戻ったのが平成十四年四月のことである。

それで県生活環境部で裏磐梯の緑のダイヤモンド計画を担当することになったことから、高橋と知り合ったのだった。高橋は市川と頻繁に会って緑のダイヤモンド計画についての打ち合わせをした。出向していた当時は、市川はまだ三十代半ばであった。

翌年に県企画調整部次長に栄転、それから国に帰って参議院事務局、内閣官房内閣審議官を経て現在は内閣府の地方創生推進事務局長の要職にある。

高橋が上京する用事があって、参議院議員会館の佐藤雄平事務所に顔を出した折に、市川と鉢合わせしたことがあった。

市川は「高橋村長、今日はどうしたんですか」と声をかけてくれた。そして高橋は、食事に誘われて市川と一緒に何度かお茶を飲んでいる。背も大きく若いのに気っ風《ぷ》がよく、役人としては珍しいタイプだった。

令和五年になってからも、高橋は市川とは電話で話した。一度知り合った人とは、大切に付き合うというのが高橋流であった。しかも、それらの人たちと付き合いをするにしても、自分の欲得を離れてである。だからこそ、ときには親身になって相手が相談に乗ってくれるのである。

首都圏の駅で裏磐梯宣伝

高橋が村長三期目に入った時点で、どこに出しても恥ずかしくない観光地に裏磐梯が生まれ変わった。ここぞとばかりに首都圏に「裏磐梯観光キャラバン隊」を繰り出した。平成十四年五月二十日から二十九日にかけての十日間にわたり、村だけでなく、観光協会や農業関係者など、延べ三百人が参加した。毎朝四時半出発で、帰りは夜の八時という強行軍であった。

東京都内ばかりではなく、埼玉県の大宮や茨城県の水戸などにも出かけた。東京は池袋、新宿、東京、渋谷の駅やその周辺であった。また埼玉県では大宮駅と川口市のダイヤモンドシティ・キャラ（現在のイオンモール川口前川）、栃木県は宇都宮駅、茨城県は日立と水戸の二つの駅でPRした。

幟《のぼり》を立て、法被《はっぴ》を着てチラシを撒き、村の特産品である「花嫁ささげ」や米、アスパラなどを配った。

今の副村長の高橋淳観光課班長が中心になって、村民が一丸となった一大イベントであった。小さい村だからこそ、結束することができたのである。

日立駅や水戸駅を選んだのは、裏磐梯に来るスキー客の多くが茨城県であったためだ。事前にリサーチを行って、抜かりなく準備した上での一大キャンペーンであった。

小さな村がそこまでしたのである。最終日に高橋は「五月二十日からの十日間、皆さんの協力で有意義な誘客活動ができました。自主的に参加していただいた議員の方々、農協、商工会の皆さんに心から感謝申し上げます。その中でも何度も参加していただいた方には厚くお礼を申し上げます。これを機会に裏磐梯の観光業の方々が一致団結し、大きな力を発揮していくことを望みます」と感謝の言葉を述べた。

第七章　ニュータウンと裏磐梯のＰＲ作戦

定住人口増加のため整備した松陽台ニュータウン

「会津山塩」の製造工場

景観活かすニュータウン

北山地区のニュータウン計画は順風満帆《じゅんぷうまんぱん》ではなかった。最初に議会にかけたのは平成六年のことだが、あまりにも突飛過ぎるというので、五月十二日の村議会臨時会で全員否決された。

定住人口の増加を図るために、役場本庁舎西側の山林と一部畑地を利用して、合計十ヘクタールのエリア内に、十年計画で百五十戸の宅地を造成し、販売するという計画であった。あまりにも冒険過ぎて、売れる見込みがないという意見が多数を占めた。

高橋が「バブルがはじけたからこそ行政がタッチできるのであって、民間が尻込みしている今こそチャンスです。経費も安くすみますから」と説明しても、議会は頑として応じなかった。

その後村議選を経て議会の構成が新しくなった平成九年になると、高橋は背水の陣で臨んだ。高橋は「七割以上売れないときは辞職します」とまで述べて説得に努めた。

高橋は「資金は銀行から金を借りてまかなうわけですから、不安を抱くのは当然だと思いますが、私の熱意が伝わってようやく議会も賛同してくれました」と今も感謝の言葉を口にする。

北山団地の名称が「松陽台ニュータウン」と決まったのは、平成九年度末の三月であった。売り出しのキャッチフレーズは、「美しい松林の緑と薬師の湧水を利用した清らかな水、そしてふりそそぐ太陽……。丘陵地帯から会津盆地が一望できる、大変見晴らしのよい場所です」と自然との調合を謳ったが、その文言と土地の情景にいつわりはなかった。

一年で九十五区画が完売

造成工事は平成十年九月から着手された。平成十一年の四月三十日には第一期分譲が行われ、同日中に十五区画が全て完売した。

現地説明会が行われた四月十八日から三十日の期間は、そばを打ったりして人を集めた。訪れた人は、会津ばかりでなく、関東、さらには遠く大阪からの家族連れも含めて、約二百組に達した。

申し込んだ人は二十代から四十代のバリバリの現役組が大半。申し込みが多い区画は三十件もの応募があったために、クジ引きで決めた。

全部で九十五区画。坪単価が安いことと、富樫猛企画課長の尽力もあって、わずか一年で大体売れてしまった。それで八千万近くの黒字が出た。（銀行の借り入れの七年分の利子分）

松陽台を選んだのは、役場や小中学校に近く、見晴らしがよかったからである。すぐ目の前には「会津一望の丘公園」があり、会津盆地全体を眺望することができる。

造成地は窪地であったため、両脇の山の土を削って造成をした。水路もつくりやすかった。道路は補助事業で村道に編入すればいいわけで、かなりのコストカットになった。

住宅地の設計については、日本の景観土木工学の第一人者である篠原修東大教授が担当した。景観にも優れた魅力的な宅地となったというので、一時は全国的に大変な話題にもなった。

篠原教授に依頼するために、高橋は自ら東京の本郷まで足を運んでいる。篠原教授に設計会社の原案を見てもらい、それを手直ししてもらった。その道の専門家のお墨付きを得たからこそ「自然との調合」というキャッチフレーズを使用することができたのだ。

「花豆」を「花嫁ささげ」としたアイデア

高橋が三期目の平成十三年三月、桧原地区の早稲沢に農産物加工施設「裏磐梯大地の工房」が開設された。「花嫁ささげ」などの農産物を缶詰にするための施設である。

古くから桧原地区で栽培されており、赤と白が混ざっているので縁起物とされている。「花嫁ささげ」の名称で呼ばれてはいるが、暑さに弱いために、標高八百メートル以上の高原でしか実がならないことから、実際には「ささげ」ではなく「花豆《はなまめ》」で、桧原地区の標高は八百メートルから千メートル、裏磐梯ならではの特産物となっている。

砂糖と塩だけで炊き上げた素朴な味である。香辛料などは一切使っていない。「ホクホクのお豆を自然のままに炊き上げました」というのがキャッチフレーズである。

「花嫁ささげ」は「やせうま」の材料でもある。ソバ粉でつくった生地の中に「花嫁ささげ」でつくった餡《あん》を入れ、餃子をつくるときのように口を閉じ、両面をこんがり焼けばできあがりである。「やせうま」は優しい甘さの餡とそばの生地がマッチして、絶妙な味を堪能できる。

裏磐梯の桧原地区は会津盆地に隣接した北山地区とは違って標高が高く米を作ることが難

しい。その代わりにソバを育ててきた。

平成十三年に「裏磐梯大地の工房」ができる以前は、裏磐梯には目玉となる特産品がなかった。高橋が農産物加工施設として早稲沢に建設したもので、桧原地区の農家の人たちが「花嫁ささげ」などの農産物を缶詰にしている。

機械が全部揃っており、事前に講習を受けているので、一ついくらの使用料さえ払えば、専門職員を置かなくても、自由に使える仕組みになっている。

北塩原村の農業は北山、大塩、桧原の三地区でそれぞれに特色がある。北山地区と大塩地区は米作りが中心だが、大塩地区の場合は中山間地であるため棚田が多い。平坦地の北山地区は区画整理が進み会津盆地と同じような水田地帯である。両地区とも花卉《かき》や野菜を組み合わせた農業経営が行われている。

桧原地区は高冷地に適した高原野菜、いちご、ほうれんそう、ソバなどである。「花嫁ささげ」が人気商品となったことは、農産物の生産だけではなく、製造加工やサービス業や販売にも取り組むといった、六次産業化の成功例として特筆される。裏磐梯や五色沼などのことは広く知られているが、それらが北塩原村の一部であることを知る観光客はじつはほとんどいない。これが対応策として高橋は、「裏磐梯」と「北塩原」のダブルイメージをアピールする特産品の必要を強く感じ、その開発に意を注ぐことになった。「花嫁ささげ」と「山塩」の生産はその例である。

まろやかな会津山塩の味

もう一つの北塩原村の特産品である「会津山塩」も、高橋が村長のときから取り組みが始まった。村おこしの一環として「塩井の里構想」という計画を立てた。

大塩裏磐梯温泉の大塩川沿いに位置する「塩井戸」周辺には湯脈がいくつもある。それを利用して、昔ながらの塩づくりを復活するというものであった。

村の産品おこし事業で北塩原村商工会が平成十七年から「塩井戸」のある場所で山塩の試験生産を開始した。平成十九年には村が全面的にバックアップして会津山塩企業組合が設立され、山塩製造が復活した。

当初の年間製塩量は一トン程度であったが、次々と注文が殺到し、生産量を増やすことになった。平成二十一年には大塩虚空蔵尊駐車場に本格的な工場が建設された。

それでも生産量が追いつかないというので平成二十九年、大塩字太田地区に工場を移転。

現在では年間四トンまで増産されている。

山塩を使った新商品も販売され、塩あめ、山塩ラーメンにとどまらず、ソフトクリームやケーキ、プリンなども人気を集めており、北塩原村を代表する特産品である。

裏磐梯大塩温泉の温泉水を煮詰めて「山塩」を製造しているが、海水をじかに結晶化する「海塩」とは違ってまろやかな風味があり、それが売りとなっている。独特のその風味はグリーンタフ（緑色凝灰岩《りょくしょくぎょうかいがん》）に起因するとみられている。

グリーンタフは、緑色の火山灰が水中に堆積してできた岩石で、そのなかに閉じ込められた太古の海水が、高温の地下水に溶け出したものが裏磐梯大塩温泉の源泉である。

「グリーンタフ」の地域というのは、西南北海道、東北日本（フォッサマグナを境とした東北部）の西側、フォッサマグナ（中央地溝帯）、西南日本（フォッサマグナを境とした西南部）の日本海側にかけて分布していることが判明している。

山塩の歴史について

会津地方には大塩・塩坪・塩沢・小塩・塩生・熱塩・塩川など塩のつく地名がある。これは多かれ少なかれ塩の生産に関係のある場所と考えられている。

大塩は若松から米沢に通ずる米沢街道の宿場になっている。むかしは大沢といったが、塩が出るようになって大塩と改めたとも伝えている。

昔の製塩法については詳細な記録はなく、ただ言い伝えによると、塩井戸から下流七〇〇メートル位の所に製塩釜があった。井戸から樋伝えによって釜場まで塩水は流された。釜の大きさは直径九〇センチ、深さ約三十センチ。これで塩井の水を煮詰めたものを三回分位あつめて、さらに煮詰めて塩を仕上げる。作業工程が悪いと赤味を帯びて質が悪くなるという。製品は全部会津若松に運び藩の塩倉に納入して代金として賃金を支払われた。運搬は馬の背を利用して、一頭に二俵ずつ積んで運ぶ。毎朝版木の鳴らし方によって何頭揃えるかが知らされ、馬は廻り番で、出役すれば駄賃が支払われた。

江戸時代の大塩村は戸数約七〇戸位で、そのうち半数約三〇戸位は塩焼きをしていた。塩焼きしない半数の家は山に行き、燃料としての薪の伐採を行っていた。夏季に伐採して、春の雪どけ水を利用して大塩川を流して運搬した。萱峠は薪を切り過ぎて萱野になったという話が残っている。現在の山塩生産に使われる燃料は、すべて間伐材と村の製材所から出る不用材を再利用しており、環境への配慮は十二分にとられている。

北塩原村の製塩の歴史については、はっきりしたことは分かっていないが、裏磐梯大塩温泉が開湯のときからと伝えられている。会津松平藩の時代には、村民の自給のためばかりではなく、藩の指示で製塩が行われた記録が残っている。

太平洋戦争中の昭和十九年には陸軍によって、戦後は塩不足を補うために、大塩地区でも製塩が行われていた。しかし、世の中が落ち着いて塩が手に入りやすくなり、山の木も不足したことで自然に消滅することとなった。

享和三年(一八〇三)から文化六年(一八〇九)にかけて編纂された『新編会津風土記巻之五十六』の大鹽《おおしお》村についての文章では「鹽井二　村中大鹽川の北大橋の東西にあり、東ノ井筒周一丈三尺、西ノ井筒周一丈五尺、共に深一丈餘梁益鹽井の類いなり」と記すとともに、「今も鹽を業とするものあり西行が詠《えい》なりとて二首の歌を伝ふ」として次の和歌を掲載しているが、あくまでも「伝ふ」という表現にとどめている。

海士《あま》もなく浦ならずして陸奥の山かつのくむの大鹽の里
浦遠きこの山里にいつよりかたえず今まで鹽やみちのく

岩波仏教辞典によると「西行は元永元年（一一一八）から建久元年（一一九〇）に実在した平安末期の歌人で、俗名は佐藤義清《のりきよ》。佐藤氏は代々衛府に仕える武士で、先祖に俵藤太秀郷《たわらとうたひでさと》がいる。義清は二十三歳で出家したが、その動機が伝わっていないため、さまざまな伝説・説話が生じた。出家後は、陸奥や吉野・熊野、讃岐の白峰、鎌倉、平泉などへの旅を重ね、壮年期には高野山に、老年期には伊勢に生活の場を置いたこともあった」と書かれている。

それが西行の歌かどうかは定かではないが、西行が奥州平泉を二度訪れていることは分かっている。一度目は二十代後半。二度目は六十九歳頃で文治二年（一一八六）のことである。東大寺再建の砂金勧請のために藤原秀衡《ひでひら》のもとを訪ねたのだった。

いうまでもなく、秀衡もまた俵藤太の血を引く人間であった。それで快く応じたが、翌年に頼朝の逆鱗に触れた義経が平泉に逃げ込んだために、その送金は途絶えることになったという。

義経と頼朝が対立していたのは元暦二年（一一八五）からである。それを考えると、義経が平泉に向かうのは、頼朝にとっても想定内のことであったはずだ。このため西行が奥州街道を白河からまっすぐ北を目指すのは危険極まりない。あえて会津を通って米沢に抜けるコースを選んだとしても不思議ではないのである。

第八章　文化の香り高い村目指す

スポーツパーク桧原湖

日本陸連の青木半治会長（左から２人目）らと共に

スポーツパーク桧原湖オープン

スポーツパーク桧原湖のオープン式典は平成十二年七月二十五日、青木半治日本陸連名誉会長もテープカットに参加し、桧原地区早稲沢の現地で盛大に執り行われた。

当日は世界陸上選手権銀メダリスト、バルセロナオリンピック四位入賞の山下佐知子選手が指導にあたった。北塩原村内の小中学生ばかりではなく、会津の各市町村の駅伝のメンバーらも参加して、走り方の基本などを学んだ。

青木名誉会長が力を入れたこともあって、それで大学、高校、実業団のアスリートが、早稲沢に合宿に来てくれるようになった。毎年延べ人数では八千人にも達する。

この完成によって、長距離の高地トレーニングの合宿地として、裏磐梯が一躍脚光を浴びることになった。全天候型の四百メートルトラックのほかに、三キロのクロスカントリーコースなどに対応できるグラウンドがある。

今もスポーツパーク桧原湖を利用しているのは、大学では国士舘、明治、白鷗、城西、東海、日体大（男子）、高校では田村、仙台育英、学法石川、日大東北、市立船橋、那須拓陽、実業団では富士通、パナソニックなどである。

高橋は桧原地区を高地トレーニングの合宿地にという夢を村議時代から抱いていた。国の事業として桧原開拓パイロット事業が行われましたが、百町歩もの土地を活用するということを考えるようになったのは、村長になってからであった。

それを実現するには桧原、早稲沢、金山の人たちの理解が欠かせなかった。村と地元が一体にならなければ、すぐに暗礁に乗り上げてしまうからだ。

このため、高橋は桧原地区の人たちと一緒に先進地である長野県真田町（現在の上田市）の菅平高原を三回にわたって視察した。

一回目は平成十年五月二十一日から二十二日にかけて実施したが、同町観光課職員が案内してくれた。長野市から車で四十分かかった。急カーブの山道を登って、標高千三百メートルの菅平高原に到着した。

その当時は真田町がサニアパーク菅平を建設途中で、ラグビー・サッカー場四面、陸上競技場が一面できるというのを聞いて、それだけでもビックリしてしまった。

それ以前の民間の投資だけで、ラグビー場百面の施設があり、受け入れ態勢も整っていた。年間百五十万人もの宿泊客があるというので、それでまた驚いた。現在は上田市真田地域自治センター産業観光課が管理運営をしている。

菅平観光協会の事務局の人が「加盟する宿泊施設は、旅館・ペンション・民宿が百八十軒もあり、町などの助成金に頼らないで自分たちの会費でまかなっています」と話していた。

スポーツ合宿が始まったのは、農家の人が信州大学生を馬そりに乗せて連れてきたのが始まりであった。

メインの大学は早稲田大学だが、ラグビーの合宿のメッカで、サニアパーク菅平のラグビー場では、例年全国七人制ラグビー大会などが開催されている。

大学生たちが朝一時間だけニンジンの収穫などのアルバイトをして、合宿代にあてている。それだけ地域と密着しているのだ。

三回の視察を通じて、高橋も「第二の菅平にしたい」という夢がふくらみ、意を強くした。それをきっかけに桧原地区挙げて推進することになった。地元の村議会議員である佐藤勲、小椋義正、小椋昭雄、伊藤文雄といった人たちも協力を惜しまなかった。

スポーツ合宿で事業提携

北塩原村は山形県上山市と高地トレーニングのスポーツ合宿の誘致に関する事業提携を行い、高橋は横戸長兵衛上山市長と平成二十年五月、協定書に署名した。高地トレーニングによる効果としては「持久力やスタミナの向上と共に、筋肉の持久力やパワーが向上し、回復速度が早くなる」と指摘されている。

上山市は「蔵王坊平アスリートビレッジ」（日本オリンピック委員会認定施設）が整備されてきた経過がある。「スポーツパーク桧原湖」と「蔵王坊平アスリートビレッジ」を結び付けることで、お互いの利点を生かし、ＰＲ活動を強化しようというのが目的。県をまたいで協力するというのは、全国的にも珍しいことであった。

これを受けて、高橋は横戸上山市長と協力して大学や実業団へのトップセールスを実施するとともに、陸上競技の共同パンフレットを作成してＰＲに活用した。

日本陸連が全面的に協力

思いついたらすぐに実行に移すのが高橋である。毎年冬には毎日新聞社と北塩原村が共催でクロスカントリー大会を開催していた。スポーツ担当の人とは懇意にしていたので、東京都千代田区の毎日新聞本社を訪ねた。

高橋は事業部長の久富勝次に「高地トレーニングの施設を裏磐梯に建設したいのですが、どこと話せばいいんでしょうか」と単刀直入に尋ねた。

わざわざ会津から出てきたというので、毎日新聞社の方が日本陸連の青木半治名誉会長にアポを取ってくれた。高橋はすぐにその足で四谷のマンションに向かい、青木名誉会長と対面することができた。

高橋が思いを伝えたところ、青木名誉会長は関心を示し、目の前で日本陸連の浜田安則《はまだやすのり》コーチに電話をかけ「全面的に協力するように」と指示した。これには高橋も感激してしまい、「ありがとうございます」と深々と頭を下げたのだった。

一日で難題が解決してしまうというのは、滅多にないことだが、どこの世界でもトップに立つような人は決断が早く、それは人間としての度量の問題なのである。

浜田コーチは昭和二十一年生まれで、京セラを経て日本陸連に勤務していた。鹿児島大学を卒業し、鹿児島中央高校で教壇に立ちながら、長距離選手として数々の栄冠に輝いている。

現役時代の浜田コーチは、昭和四十九年九月のアジア大会の一万メートルでゴールドメダリストになったほか、日本選手権では昭和四十六年に一万メートルで、昭和四十九年には五千メートルでそれぞれ優勝している。別府毎日マラソン大会で昭和四十九年と五十二年の二度優勝している。

東京世界陸上の山下佐知子、北京アジア大会銀メダルの荒木久美を育てるとともに、女子駅伝で京セラを強豪にした名コーチである。浜田コーチは市川良子選手、市橋有里選手をともなって、早稲沢の民宿「えんどう」に平成十年五月二十日から一週間滞在し、コースになりそうなところを走ってもらった。

当時の日本を代表する名コーチと、女子長距離界のトップランナーが、わざわざ裏磐梯にまできてコースを設定してくれたのである。

浜田コーチは「桧原開拓パイロット事業の跡地は人家がなく、走る意欲が湧かない」、また早稲沢から米沢に抜ける西吾妻スカイバレーについては、「アップダウンがあって箱根駅伝の練習コースに適しているのではないか」と感想を述べていた。

市川選手はアトランタオリンピックとシドニーオリンピックに五千メートルで出場し、釜山アジア大会では千五百メートルで銅メダルを獲得している。

市橋選手は日本陸連の強化選手で、セビリアの世界陸上女子マラソンで銀メダル、シドニー五輪女子マラソンにも出場している。

浜田コーチらはその当時、スイスなど世界中を高地合宿で回っていたため、その地から村役場の佐藤浩一企画班長と連絡を取り図面作成に協力してくれた。

その浜田コーチが令和五年七月二日、鹿児島市内の病院で死去したことが報道された。その報に接した高橋は「浜田コーチには色々と教えてもらっただけに残念でなりません」と肩を落とした。

スポーツパーク桧原湖が整備される以前に、桧原と早稲沢の民宿の大部分に温泉が引かれたので、多くのアスリートから歓迎された。

早稲沢と桧原本村の要望を受けて、高橋が村長になってから新たに温泉を掘り直した。七三度の温泉が毎分七百リットル噴出した。それで民宿だけでなく一般家庭でも温泉が利用できるようになった。

冬であろうとも、ストーブを焚かなくてもすむようになった。古い車のラジエーターを活用して、温泉の蒸気を暖房に利用することができるからである。まさしく一石二鳥である。

引き続いて、平成八年には桧原本村でも温泉を掘ったので、温泉と兼ねて村役場の出張所をつくった。その温泉を利用して平成十三年には桧原の「ふれあい温泉湖望」がオープンした。

桧原歴史館開館までの経緯

桧原地区の金山に新たな観光スポットをということで、平成十一年七月に「会津米澤街道桧原歴史館」が開館した。急きょ「桧原歴史の道整備構想」が浮上したのは、その場所に政治団体の大行社が訓練所のログハウスをつくるという許可申請を村に出してきたので、何とかしてそれを阻止したいと思ったからである。

大行社は任侠右翼ということもあり、それだけで北塩原村の職員も尻込みしてしまった。喜多方市松山町村松の人が購入し、それが米沢の会社に転売され、それから大行社の手に渡ったといわれる。

高橋は誰が管理しているかを確認し、その人から大行社に連絡を取ってもらった。会長が岸悦郎という人だと知ったのはそのときだ。すると間もなくして、大行社の渉外担当を名乗る人物が村役場にやってきた。

高橋は平身低頭で「何とかしてくれませんか」と頭を下げた。最初のうちは「スピーカーで大声を張り上げると湖水は響くんだよな」と取り合ってくれなかった。

高橋は「その後何度もおいでになり、岸会長が高橋村長と会ってみたいと言っているという連絡がきました」と語る。

当時の助役や収入役は「行かない方がいいですよ」と必死になって止めようとしたが、難しいことは人任せにできない性格で、度胸が据わっている高橋は、何と一人で会いに行ったのである。それしか局面を打開する方法はなかったからだ。

岸悦郎会長と差しで交渉

実際に岸会長と顔合わせをするまでには、それから二カ月近くかかった。高橋が待ち合わせ場所として指定されたのは、東京駅地下一階にある銀の鈴広場。相手が相手だけに、迎えに出てくるわけもなく、実際に来るかどうかも半信半疑であったからだろう。

指定された当日、「銀の鈴広場」に現れたのは度々北塩原村にやってきた渉外担当者であった。顔見知りなのでいつも通りの口ぶりであった。キャデラックが待っていた八重洲口まで歩き、そこから事務所がある帝国ホテルに向かった。

フロントから事務所に電話をかけたところ「会長がどこかに出かけたようだ。一時間後にまた来てくれないか」と言われた。

時間をつぶすために、近くの喫茶店で高橋が渉外担当と珈琲を飲んでいたら、今度は「銀座に会長が待っている」との連絡が入ったので、そそくさと出かけた。

高橋が案内されたのは呉服屋のような店構えであった。岸会長はソファに座っていた。一見すると、身なりもきちんとしていて振る舞いも紳士的であった。

ついつい高橋は「呉服屋をやっているんですか」と尋ねてしまった。「いや違いますよ」と岸会長は笑っていたが、自分の会社にでもいるような雰囲気であった。

岸会長が「売ってくれというのはどういうことですか」と切り出してきた。ここで気後れしてはならないと思って、高橋は「大行社の上の方とお会いしたいと思っていましたが、なかなか会えなくて言えなかったんですが、村で前の村長から歴史館建設の計画があります。旧米沢街道に面しており、会津藩の検断屋敷があった場所ですので、資料館の絵までできています。ぜひ譲っていただけませんか」と頼んだ。

そんなストレートな物言いをする高橋が気に入ったようで、岸会長は「あんたも変わっているな。政治家は俺らのような人間と会うのを敬遠するのが普通だから、若い職員が来るのかと思っていた」とポロリと言った。

高橋は「村長の自分が来なければ話にならないと思ってやってきました」と正直に語った。岸会長も「本当は訓練所のログハウスをつくるつもりだったんだが、そこまでいうのならばいいだろう」と承諾してくれた。大行社の団員が福島県内で大学生とのトラブルでとんでもない事件を引き起こしたために、縁起が悪いからとその当時売るつもりになったようだ。

いよいよ値段の交渉になった。岸会長は「三千万である人に売ろうとしていたが、手付金だけよこして、その後はなしのつぶてだからそれでパーになった」ということを口にして、遠回しに三千万の金額を提示してきた。

大行社が東北地方で世間を騒がせるような事件を起こして、力道山のボディガードをしていた人の仲介で、北塩原村のある人が買うことになっていた。それで三千万円のうちの三百万円を頭金として大行社に払ったものの、それから何の連絡もなく、あまり年数が経ったためにご破算になっていた。

高橋がその数字で妥協すれば、評価額が二千五百万の物件を高く買ったことになる。村長としての責任問題に発展しかねないので、高橋は「あまりにも金額が高過ぎると、脅されたのかと勘繰られてしまいます」と正論を吐いた。

分が悪くなった岸会長は「二千七百万」までは納得してくれたが、中をとって「二千六百五十万」で決着するまでには、かなり時間がかかった。

「検断屋敷」の移築に着手

会津米澤街道桧原歴史館を整備するための資金は国土庁頼みであった。同じような補助金申請は全国四十二カ所から出ていて、認められるのは二カ所という狭き門であったが、それが通らなければ、全てがご破算になってしまう。ここでもまた天は高橋を見捨てなかった。県を通じて申し込みをしたが、衆議院議員渡部恒三代議士の秘書で、後に福島県知事となる佐藤雄平の骨折りもあって、平成九年度から二カ年度の補助事業として国土庁の認可がおりた。総工費は一億二千百五十万。その当時の国土庁長官は塩川町出身（現在の喜多方市）の北村健太郎であった。

経費の大部分は桧原検断の子孫である松本家の家屋の改修にあてられた。明治二十一年七月十五日、磐梯山の噴火によって桧原湖ができたが、湖底に沈む前に検断屋敷は現在地に移築されていた。

松本家は小田原出身の大塚大庵の子である又左衛門がその祖といわれている。検断には犯罪者の逮捕から処罰までの権限が与えられていた。江戸時代には各宿駅に置かれていた。

同歴史館の入館料は百円。旧米沢街道の宿場であったことを示す資料、桧原宿の場所が一目で分かるジオラマ、金山の地名がそうであるように、金山の歴史などが展示されている。

高橋が嬉しく思うのは、同歴史館がお荷物になっていないことだ。山塩ラーメンが人気ということもあり、新たな観光名所として賑わっているほか、地元の人たちの雇用の場となっている。北塩原村はオープンに先立って入居するラーメン店を募集した。そこに喜多方ラーメンの「喜一」が応募してきた。桧原湖の北側には食堂がなかったこともあり、大いに評判になった。

その後は地元が運営するようになったが、山塩ラーメンの人気はそれまでと変わりなく、食堂の売り上げは年間二千万円以上もある。

正之公時代に栄えた金山

北塩原村桧原地区には金を掘った場所がある。金山という地名はそれで付いたのである。その歴史は謎に包まれているが、明治時代の末までは金の精錬所が稼働していた。江戸時代には桧原千軒ともいわれるほど繁栄した。炭鉱夫だけでは人手が足らず、罪人なども送り込まれてきたといわれる。

『新編会津風土記』には「土人云天正の頃始て好金出《い》づ、慶長十年熊野派の修験中常坊と云もの来て杭を穿《うが》ち、多く金銀を採る。金杭の中今五十両と云字残れるも、一月に五十両の好金を出せし所なり、此頃は諸国より人多く集り、小屋数も千軒計《ばかり》有て許多《きょた》の金銀を採りしといへども前後得る所の総額詳《つまびらか》ならず」と記述されている。

慶長十年（一六〇五）というのは、会津では蒲生秀行の時代である。蒲生氏郷が文禄四年（一五九五）死去したために、長子であった蒲生秀行は会津九十二万石から宇都宮十二万石に減封《げんぽう》された。

だが、秀行が関が原の戦いで徳川方に付いたことで、慶長八年（一六〇三）には会津六十万石を再び拝領することになった。その二年後に金山が発見されたのだ。

金山を発見した「修験中常坊」が熊野派ということであれば、天台系の本山派の流れをくむ。京都の聖護院《しょうごいん》が総本山である。

北山地区には天台宗の大正寺が今もあるが、金山近くに同じ大正寺のお寺があったというのは、熊野派の修験が天台系であったことから説明が付く。

修験道では全国の高い峰に行場《ぎょうば》を設けた。その多くで金、銀、銅などの採掘が行われていた。「山伏の行くところ鉱山あり」とまでいわれていた。『新編会津風土記』に書いてあることは、まさしくそれを裏付けている。

一度目のピークは承応《じょうおう》元年（一六五二）で、約千三百人の集落が誕生したといわれる。会津松平家の始祖である保科正之《ほしなまさゆき》の時代である。

次のピークは金山発見から七十七年後の天和二年（一六八二）で、溜まっていた水を抜く技術が開発されたからだ。四千人近い人が暮らす「黄金境」として栄えることになった。会津松平家三代藩主正容《まさかた》の時代である。

明治二十一年七月十五日、磐梯山の噴火で数カ所あったといわれる桧原地区の鉱脈は大半が湖に没したが、金山だけは難を免れることができた。

高橋は平成五年の村長就任時に、観光に利用できないかとの思いから坑道に入っている。三十段ほどの階段を下りていくとトロッコ道があり、その先に金を採取するためのいくつもの坑道がある。そのとき以外にも三度ほど高橋は調査している。水が溜まっていたのを見かねて、平成八年には水抜きをした。観光スポットになっても不思議ではない場所である。しかし、観光庁の許可が下りず断念した。

桧原宿は旧米沢街道の要所

会津五街道の一つである旧米沢街道に面していたことで、会津盆地北東部の北山地区から裏磐梯北部の桧原地区までが一つの行政区とされた。若松城下から現在の喜多方市の塩川、熊倉を通り、北塩原村の北山、大塩、桧原を経て米沢に出るルートである。会津側の宿駅は塩川、熊倉、大塩、桧原で、熊倉と桧原に検断が置かれた。

桧原地区の金山は桧原湖の北岸の奥まったところにある。吾妻連峰の桧原（別名金山《かなやま》）峠を越えれば山形県で米沢市の綱木《つなき》の宿である。現在も鷹ノ巣《たかのす》山林道でつながっているものの、崩れやすくすぐに通行止めになる。現在はほとんど利用されていない。

高橋が二期目の村長のときに桧原峠の頂上まで舗装にした。高橋幸翁《さちお》米沢市長の時代のことである。

米沢市の綱木にダムをつくる計画があった。地元の人たちの意向もあって取り付け道路をつくるのが条件であった。それで二人が協議した結果、村としては福島県事業である「ふるさと林道緊急整備事業」として工事に着手することになった。

北塩原村としても、旧米沢街道が復活することになるので、もちろん大賛成であった。福島県側は平成五年から九年にかけて北塩原村と米沢市の境までは完成したが、もう少しの距離であったにもかかわらず、山形県側の事情で中断してしまった経過がある。綱木の近くには大規模な水芭蕉の群生地がある。距離的にはそれほど遠くはなく、道路さえ整備されれば、桧原地区とのタイアップも考えられただけに、高橋にとっては大きな誤算であった。

旧米沢街道は会津から米沢市に行く最短コースである。桧原地区から桧原峠を経て綱木までの鷹ノ巣山林道を通れば二十一キロほどである。

喜多方市から米沢市を結ぶ大峠道路(起点の喜多方市関柴町西勝から終点の米沢市入田沢)は二十五・二キロである。裏磐梯に回らなくてはならないとしても、旧米沢街道の方が四キロ近く短い。しかも、大峠道路は昭和四十九年に着工してから国の直轄工事の十八・六キロが完成したのが平成四年である。実に十八年もの歳月を要した。総事業費は約五百六十億円であった。

会津と米沢との交流を活発化するためには、旧米沢街道を活用した方がコストもかからなかったのに、あえて工事が難しいところを通すことを選択したのだ。ちなみに裏磐梯と米沢市を結ぶ有料道路西吾妻スカイバレー（現在は無料）が開通したのは昭和四十八年のことである。旧米沢街道よりも山岳地帯の高い場所を通るために冬期間は通行止めとなる。

村内の山城を紹介した図録発刊

北塩原村は米沢街道の宿場として栄えてきた経過がある。このため北山地区には綱取城、大塩地区には柏木城、裏磐梯地区には戸山城、桧原城があった。綱取城、柏木城、岩山城、戸山城は、明応四年（一四九五）から戦国時代末期にかけて会津を支配した蘆名氏やその配下である四天宿老の松本氏や穴沢氏が築いたが、桧原城だけは天正十二年（一五八四）十一月、桧原口を防衛していた穴沢一族を滅ぼした伊達政宗が、会津攻めのために築城した。

高橋は観光の新たな目玉として、裏磐梯を中心とする自然だけでなく、そうした城の歴史に注目した。そこで郷土史家の石田明夫、佐藤一男に執筆を依頼して、平成十九年三月三十一日、北塩原村として図録『会津路武士の世の裏磐梯　米沢街道桧原口—蘆名と伊達の攻防譜』を発刊した。

高橋は一期目のときからトレッキングコースの設定と同じように、自ら現地を見て回った。綱取城は芦名氏に謀反を起こした松本氏の悲劇の舞台となった。要害山の高台にお城を築いたことから、現在では会津盆地を一望できる展望台として観光名所の一つとなっている。岩山城と戸山城は伊達の侵入を阻止するための穴沢氏の防衛ラインであり、そこを突破された芦名氏が急きょ築城したのが柏木城である。

大河ドラマの影響もあって、最近は若い人を中心にお城ブームになってきているが、それを見越してのことであった。高橋が村の事業として、北塩原村にあったお城の記録をまとめて後世に残したことで、闇に葬られようとしていた歴史が日の目を見るようになったのである。

諸橋廷蔵氏のダリ美術館

諸橋近代美術館が平成十一年六月三日、裏磐梯の剣ケ峯地区にオープンした。開館記念特別展として「印象派の20世紀巨匠の17人展」が開催された。ルノワールからピカソまでの世界の名画が展示されたこともあって、ダリファン以外の美術愛好家も県内外から詰めかけた。同美術館はスポーツアパレル用品の「ゼビオ」の創業者である諸橋廷蔵が集めたもので、世界的な芸術家のサルバドール・ダリの作品である彫刻や絵画など約三百四十点を所蔵している。

公益法人諸橋近代美術館が運営しており、諸橋英二館長は廷蔵の長男である。高橋が諸橋と会ったのは、同近代美術館の建設をするために、北塩原村役場に相談に来たのが最初であった。

諸橋美術館がある場所はかなり早い段階で購入していた。しかし、剣ケ峯地区の国道四五九号線沿いであっても、国道への取り付け道路が湿地帯で環境省と県の許可が必要なため、高橋が県と環境省の間に入り調整したのだった。

諸橋が「三十億円位のダリの絵を持っているんで、裏磐梯に美術館をつくりたい」ということを口にしたので、美術にはまったく造詣のない高橋は、それを聞いて度肝を抜かれてしまった。

その頃はすでにゼビオグループは東証一部上場を果たしていたが、諸橋にはおごり高ぶったところは少しもなかった。

「あまり背は高くない方でしたが、豪快なところがある」というのが高橋の第一印象であった。叩き上げの実業家ということで、高橋は諸橋と意気投合した。日本ロイヤルクラブ時代の「猫魔ホテル」でよく一緒に酒を飲んだ。

高橋が忘れられないのは「呉服屋の反物を背負って売って歩いたのがまずスタートでした。呉服屋の番頭になってから独立し、やはり反物を背負って売って歩いたもんです」としみじみと語った一言である。

すごい商売人だと高橋は思った。諸橋が「あのときは楽しかった」としきりに口にしたからである。一代で財を成した実業家であるにもかかわらず、大変だった時代を懐かしんいたからだ。

いわき市平で昭和三十七年、紳士服店を創業。四十八年に株式会社サンスーツを設立。本格的に店舗展開を開始したのは昭和五十四年からで商号をサンキョウに変更した。あっという間に全国に店舗を展開し、現在は宇都宮市に本社を移して、ゼビオホールディングス株式会社となり、スポーツ用品ではトップクラスの企業に躍進した。

諸橋は根っからの商売人で、働くことに生きがいを感じることができたからこそ、急成長をすることができたのである。

高橋は絵画などに造詣が深かったわけではないが、諸橋の心意気に打たれたことで、かけがえのない文化的な施設が裏磐梯の地で日の目を見たのである。

小椋佳と早稲沢の民宿

シンガーソングライターの小椋佳は、大学三年生のときに早稲沢の民宿に約二カ月間滞在したことがある。小椋という芸名にしたのは、その集落に多い小椋という苗字が気に入ったからである。

高橋は小椋のそうしたエピソードを人から聞いていた。チャンスがあったら一度会ってみたいと思っていた。奥さんと一緒に静養に裏磐梯に来るというのを耳にしたので、そのとき会ったのが初めてであった。平成五年の五月の連休のことであった。

高橋が濁酒《どぶろく》を持っていったら小椋はとんでもなく喜んだ。「一緒に飲みましょう」と言ったら「東京に持って帰ります」としまってしまった。酒には目がない人で、濁酒と聞いてもったいなくなったのである。別な会津の地酒が準備されており、それで二人は乾杯をしたのだった。

小椋が後日、高橋に語ったところでは、濁酒は車で揺れてしまったために、酒がふきだし車内がびしょびしょになった。高橋が一言アドバイスをすればよかったのだが、そんなことになるとは露知らず、じっくり味わって飲もうとしたのが、かえって仇になったのである。

新生裏磐梯中学校が開校したとき、校歌の作曲はどうせなら早稲沢にゆかりのある小椋がふさわしいと思った。高橋はその依頼のために静岡県浜松市にまで出かけた。小椋が第一勧業銀行浜松支店（現在のみずほ銀行）の支店長であったからだ。

高橋が開口一番「小椋先生お願いいたします」と頼んだが、小椋は「ＪＡＳＲＡＣ（社団法人日本音楽著作権協会）を通すことになるから三百万はかかりますし、個人で勝手に作るわけにはいかないんです」と困ったような顔をした。

しかし、一度断られて諦めてしまうような高橋ではなかった。のちに小椋は同銀行上野支店の店長に異動したというのを耳にした。上野だと郡山から新幹線に乗ればあっという間である。再度高橋は小椋に直談判した。そこまでされては断るわけにもいかず、裏磐梯に対する愛着が人一倍の小椋は格安の値段で作曲を引き受けた。作詞は福島在住の詩人高橋新二が担当した。

小椋は平成七年四月五日、新生裏磐梯中学校の開校式に出席。七十四名の生徒を前にタクトを振った。そこまで小椋がしてくれたので、小椋のコンサートには必ず高橋がお祝いの花輪を贈るのが恒例となった。

小椋には神田知秀、神田宏司という二人の息子がいる。小椋のマネジメント会社の社長をしているのが長男の知秀。琵琶をつくったり、演奏したりしているのが次男の宏司である。宏司は十四歳のときに脳梗塞を発症した。一時は意識がこん睡状態になってしまった。しかし、小椋が耳元で歌うと一緒に歌い始めたという。そこで奇跡が起きたのである。

宏司は父親の小椋と一緒に琵琶を習うようになり、日本に一人しかいない琵琶製作師のもとに弟子入りし、琵琶の製作を手がけるまでに回復したのである。

高橋は東京の五反田で行われた宏司とその妻亜矢子の演奏会にも出かけたこともある。

曽原湖近くの別荘用地を寄贈

高橋は四期目のときに、北塩原村からのプレゼントとして曽原湖の脇の一町歩ばかりの土地を小椋に譲渡した。

「ふくしまファンのつどい」が平成二十年二月十六日、東京大手町で開催され、トークショーに小椋佳が出演し、佐藤雄平知事と歓談した。その会場で高橋は、小椋にその土地の目録を手渡した。一時は音楽堂をつくるという話が持ち上がったこともあった。小椋は親子で音楽一家である。高橋は「何かに利用してもらえれば」と今も期待している。

高橋は「小椋先生は気分が乗ると一晩で三曲もつくってしまうそうです。夜も寝ないでつくるそうです。やらないときはまるっきりやらないというのは、天性のアーティストだからでしょう」と語る。

また、高橋は、知り合ったばかりのころに、小椋が「第一勧業銀行のバレーの監督もしているんですが、若い娘たちのエネルギーには圧倒されます」ともらした一言が、印象に残っている。

高橋は村長を辞めてから平成二十六年九月、ＮＨＫホールで「小椋佳生前葬コンサート」が行われるまでの約六年間、小椋佳後援会長を務め、そのコンサートに招待されてお役御免となった。

小椋は「七十歳という節目を前にしてアーティスト活動にけりをつける」ということであった。初めて人前に出たのがＮＨＫホールであったため、そこを幕引きの場所に選んだといわれる。

生前葬コンサートの後も小椋は活動を続けている。高橋は「頑張っている姿には心打たれます。小椋先生も、もう少しで八十路です。私は後援会長ではなくなりましたが、一ファンとして変わらず応援しています」と声援を惜しまない。

小椋佳さんと普天間かおりさん

第九章　国内外の自治体との交流はかる

ニュージーランド・タウポ市と姉妹友好都市提携調印式
左から二人目がタウポ市のティム・ハーリーチェーマン市長

ニュージーランド・タウポ市での交流

いわきと「海の子山の子」

岩城光英元参議院議員は平成二年にいわき市長に当選したが、それ以前の昭和六十一年に県議会議員の補欠選挙で初当選を飾った。県議の二期目途中でいわき市長選立候補であった。高橋が懇意にしている瓜生信一郎県議とは同期であった。

水泳が得意な岩城は、二本松市のポートピアで泳ぐつもりでいたら、そこが休みだったので裏磐梯のグランデコまで足を伸ばした。そして、夜九時頃に電話をかけてきた。

岩城は「高橋さん今グランデコにいるんだ。飲みに来ないかよ」というのである。グランデコも高橋が住む北山地区も同じ北塩原村なので、それほど離れていないと勘違いしたのである。誘われればよほど都合が悪くなければ出かけて行くというのが高橋の性分である。たまたま友人のところで酒を飲んでいたので、タクシーを呼んで飛んで行った。瓜生県議もいたので三人で夜中の十二時まで飲んだ。そこで持ち上がったのが北塩原村といわき市の子供たちの交流の話である。冬は北塩原村でスキーを、夏はいわき市で海遊びをしたらということで意見が一致した。また、そこでは山口博続西会津町長が県議時代同僚であったことから、いわき市と西会津町で音楽の交流が行われていることも知り、なおさら熱っぽく語りあった。「浜っ子体験ツアー」は平成六年七月、北塩原村の四つの小学校から五年生四十一人が参加。海水浴やキャンプファイアなどで、いわき市の子供たちと交流を深めた。

それ以降は「海の子山の子ふれあいツアー」という名称に変更し、冬はいわき市の大野第一・第二小学校五年生が裏磐梯でスキーを、夏は北塩原村の小学生がいわきの海にでかけるということで、小学校五年生同士の交流会が現在も続いている。

ツランギ地区と姉妹都市

北塩原村とニュージーランド・タウポ市ツランギ地区との姉妹友好都市提携調印式が平成九年十一月七日、現地のトンガリロ・ボードルームで行われ、北塩原村は村長の高橋、五十嵐好江村議会議長とタウポ市のティム・ハーリーチェーマン市長との間で盟約書が交わされた。ニュージーランドは日本から南東の方向約九千キロメートルの南半球に位置し、赤道を中心にして折りたたむと日本とほぼ重なる。北島と南島からなり人口は約五百十二万。

北塩原村とツランギ地区は、平成六年から交流を開始。同年二月十四日から二月二十日にかけて、職員四人をニュージーランドに準備調査のため派遣した。

調査対象は南島のケンジー地方のフェアリー地区、フルヌイ地方のハンマースプリングス村の二カ所、北島はツランギ・トンガリロ地方のツランギ地区であった。ツランギ地区はオークランドから約三百キロ南のタウポ湖のほとりに位置し、人口が約四千五百人。観光地裏磐梯を抱える北塩原村とは共通点が多い。

第一回目の派遣は須藤信立教育長を団長として小学五年生二十三人が平成六年三月、ホームステイでタウポ市ツランギ地区に滞在した。国際性を高めようというのが目的。ニュージーランドの英語はイギリス英語に近く、治安がよく気候にも恵まれており、日本の若者の留学先として人気がある。その一方、タウポ市からはタウハラ高校の生徒二十三人と引率の六人が同年四月に来村し、裏磐梯猫魔スキー場での春スキー、ラビスパ裏磐梯での着物着付け、日本舞踊、茶道などを学んだ。

世界に羽ばたく子供達を

一回目は小学五年生だったので子供たちがホームシックにかかってしまい、その反省からその後は中学一年生にした。

旅行代金については、村が予算を付けて、親にも三分の一を負担してもらうようにした。ニュージーランド航空と提携したために特別料金となり、旅行代金はかなり低額となった。

会津地方の他の自治体だと、一人か二人派遣するのが精一杯だ。小学五年生や中学一年生全員というのは、真似ができるものではない。小さな村の大きな夢というのは、世界に羽ばたく人間を育てることでもあった。高橋の息子卓也も進んで参加した。

飛行機に十二時間も乗っていくわけだから、子供たちにしてみては大変な挑戦であったが、色々な世界があるというのを子供のうちから知ることで、国際性が養われるのである。

相互に交流ということなので、逆に北塩原村の農家がニュージーランドの子供たちを受け入れた。各民家に分散する形がとられた。

ニュージーランドでも一切ホテルは利用せず、全参加者が民泊をし、そこの家族の一員として暮らすことで、国を越えた人と人との交流が生まれた。

それは高橋が村長を辞める平成二十年まで続いた。その後は業者に頼んで、民泊ではなくてホテルに泊める台湾旅行という形になり、高橋の意図したものとは異なってしまった。誰が村のトップに立つかで、そのコンセプトも変らざるを得ないのである。

マングローブの東村《ひがしそん》と交流

高橋は平成十一年五月二十五日、福島県県町村会長に選出された。国内各地を見て回る機会に恵まれた。平成十二年五月二十八日、二十九日の全国都道府県町村会長会議の集まりが沖縄県那覇市で開催された。

那覇空港に隣接した那覇港で船の座礁事故があり、飛行機の離着陸ができなくなった。それで高橋は嘉手納飛行場に着陸し、そこで待機させられた。このため、那覇市の会議に出席できたのは一部の人だけであった。顔合わせに終り、同会議そのものはお流れになった。

どうせ沖縄にまできたのだからと思って高橋は、沖縄県町村会長であった宮城篤実嘉手納町長に「沖縄本島で自然がいっぱいのところはありますか」と尋ねた。宮城嘉手納町長となぜか馬が合ったので、どこかの町村に声をかけてもらい、その機会に沖縄のよいところを見て回りたかったのだ。

宮城嘉手納町長はその夜のうちに東村《ひがしそん》の宮城茂村長に連絡を取ってくれた。五月二十九日の朝には、高橋のホテルに東村の企画課長山城定雄が迎えにきた。そして、宮城東村長自身が一日案内を買って出たのである。

東村は国頭村《くにがみそん》、大宜味村《おおぎみそん》とともに平成二十八年に「やんばる国立公園」に指定された。とくに高橋が感激したのは東村ふれあいヒルギ公園であった。ヒルギというのはマングローブ林の中心となる植物のことだが、熱帯から亜熱帯で、海水と淡水が混ざりあう河口付近に自生しており、そこにシオマネキやミナミコメツキガニ、ノコギリガザミ、ミナミトビハゼなど多様な生物が生息している。「やんばる国立公園」はアウトドアスポーツのメッカであり、トレッキング、カヌー・カヤック、四輪バギーなどを楽しむことができる。

国立公園で当村の裏磐梯に似ているということから、平成十四年三月二十五日から二十八日にかけて、北塩原村の小学六年生十八人、引率者四人の計二十二人を東村に派遣した。この際にはお土産として宮城村長に雪だるまをプレゼントした。

南国の沖縄の地と北塩原村はまったくの別世界だから、子供たちも大喜びだった。天候に恵まれたこともあり、マングローブ林でのカヌー、やんばる（山原）森の探検など貴重な体験をした。

高橋と固い握手をした宮城前村長が勇退したのを受けて、平成十九年四月の選挙で当選した伊集盛久《いじゅせいきゅう》東村長は同年十月十七、十八の両日、高橋と面会するために来村し、その記念に桜峠にオオヤマザクラの苗木を植樹した。

高橋が道を付けた東村との交流は現在も続いており、小学六年生の相互訪問も年月を重ねている。「道の駅裏磐梯」でも東村の特産物を販売するなど、小さな村同士であるだけに、かえって身近な存在となっている。

桧原湖北岸マリーナが平成十九年に完成し、沖縄県東村からもらった図面を参考にして桧原地区金山に浮き桟橋《さんばし》をつくった。東村は福地ダムの関係で五十メートル百メートル位も水面が下がることがある。浮き桟橋でなければ船が横付けできない。同じように金山も水が引くと、船が来られなくなってしまう。

桧原湖に関しても、水力発電所で多量に水を使うので水面が下がる。春になると周囲の山の雪が溶けるので水面が上昇する。水面の高い低いに影響されないようにするためには、浮き桟橋をつくるしかなかったのだ。

杉並区と「保養地協定」

北塩原村が杉並区と「まるごと保養地協定」を結ぶことができたのは、福島県知事になる以前、参議院議員であったときの佐藤雄平に、当時杉並区長であった山田宏を紹介してもらったからである。

高橋が参議院議員会館の佐藤雄平事務所に出向いた折に「雄平さん、どっか東京都内で北塩原村と交流するところはないかな」と話しかけたら、佐藤が「杉並区の山田宏区長（現在は参議院議員）がいる」ということで、即座に山田本人に電話をかけてくれた。

そして、高橋と杉並区役所で一回会っただけで山田は「裏磐梯の人たちとお会いできないですか」とやる気満々であった。

それならばというので、高橋も間を置かずに裏磐梯観光協会のメンバーを引き連れて行って、裏磐梯のよさをPRした。区長の山田以外にも副区長や部長も出てしきりにメモを取っていたが、杉並区との「まるごと保養地協定」が締結されることが決まった。まさしく即決であった。

「まるごと保養地協定」締結式と調印式は、平成十六年十月三十一日と翌日の二日間にわたって、裏磐梯地区のホテルで行われた。これによって杉並区との交流が本格化することになった。北塩原村としては、村内の宿泊施設を利用した杉並区民には「まるごと保養地村民証」を交付し、滞在中に宿泊施設、飲食店、お土産屋などに提示すれば、割引サービスを受けられるようにした。

北塩原村は北塩原村商工会、裏磐梯観光協会と連携し、杉並区役所を会場にして平成十七年四月七日から八日にかけて「北塩原村物産展」、四月五日から十四日までの日程で「北塩原村写真展」を開催した。

それからは「北塩原村物産展」は毎年恒例のイベントとして定着した。新型コロナが流行する前までは「徳島市阿波おどり」に引けを取らない「東京高円寺阿波おどり」にも、北塩原村の村民がそろいの法被で踊りに加わった。「まるごと保養地協定」が締結されたことで、そのイベントの幕開けのテープカットに毎年呼ばれるようになった。

山田は松下政経塾の二期生。行動力のある熱血漢であった。「前人木を植え、後人涼を楽しむ」というのが座右の銘である。

それは高橋と相通じるものがあった。誰かが木を植えなければ、後から来た人が涼を取ることができない。率先垂範の人で山田は決断が早かった。

高橋は会津米のうまさも知ってもらいたくて山田に北山地区の米を送った。男の子が小学校に上がったか上がらなかったかの時期であった。山田は「会津の米がうまいうまいと食べるんだよな」と喜んでくれたという。山田から三年ほど前に高橋にきた年賀状には「あの息子が今は医者になっています」と書いてあった。

地震の被災地小千谷市支援

杉並区が魚沼米の本場である新潟県小千谷市と災害協定を結んでいることから、平成十六年の新潟県中越地震の際には、北塩原村役場から職員二人を半年間にわたって派遣。被災現場に出向いて、地震で陥没した道路の測量や調査に従事した。

また、北塩原村だけでなく、高橋建設もほまれ酒造（喜多方市）が製造するペットボトルの水を四トントラック二台に積んで小千谷市に向かわせた。

そのお礼のために関広一小千谷市長が平成十七年四月十九日、北塩原村役場を訪れた。小さな村であるからこそなおさら、他の市町村などとのネットワークを構築し、災害時には率先して協力を申し出れば、自分たちが災害に見舞われたときに、立場が逆になって、支援の手を差し伸べてくれるものなのだ。

第十章　天皇皇后両陛下と裏磐梯

広報
きたしおばら
No. 221
10月号
平成12年10月10日

▲村長と談笑する皇太子ご夫婦（サイトステーション前で）

皇太子様雅子様
ご来村

9月18日～22日までの5日間にわたり、皇太子様と雅子様が本村にご静養のためご滞在され、裏磐梯の大自然を満喫されました。

▲遊んでいる子供達に声をかける皇太子ご夫婦（レンゲ沼で）

編集と発行/北塩原村役場企画調整課（福島県耶麻郡北塩原村大字北山字姥ヶ作3151番地 ☎0241(23)3111）
ホームページアドレス http://www.mwnet.or.jp/~kts-vil/ メールアドレス kts-vil@mwnet.or.jp

「広報きたしおばら」平成12年10月号より

桜峠のオオヤマザクラ

皇太子ご夫妻時代北塩原御訪問

平成九年と平成十二年に二回にわたって天皇皇后両陛下が裏磐梯にお出でになられたときは、まだ皇太子の徳仁親王殿下と同妃殿下であられた。

平成九年には佐藤栄佐久知事と磐梯山にお登りになられた。八月十八日から二十二日まで北塩原村に御滞在をされ、高橋は二日目の八月十九日、五色沼などをご案内申し上げたが、警備が厳重でほとんどお話をする機会はなかった。

高橋が今も鮮明に覚えているのは、二回目の平成十二年にお出でになられたときのことである。高橋は県町村会長の職にあったので、郡山市のビッグパレットふくしまで九月十六日、開館五周年を記念するイベントが行われときには、県内で要職に就いている人たちが両陛下をお迎えした。高橋もそこでお迎えをしたが、目の前をお通りになられたあと、私を見つけ、わざわざお二人が戻ってこられ、黙って丁寧に頭をお下げになられた。高橋の隣りにいたのが、國井常夫県森林組合長であったが、「おたくは何様ですか」とビックリした顔をして高橋に話しかけてきた。あまりに親しげであったから不思議に思われたのだった。

二回目にお会いしたときは、高橋は両陛下と自由にお話をすることができた。一回目は制限が沢山あったが、まったく違った雰囲気の下で、お二人ともくつろいでいらっしゃった。両陛下は「ふるさとの大地に広がれ緑の輪」をテーマに九月十七日、猪苗代の「昭和の森」で開催された第二十四回全国育樹祭にご参加された。

さらに両陛下はこの後九月十八日から二十二日までの五日間にわたり、御静養のため裏磐梯にご滞在されている。高橋が直にお話をおうかがいすることができたのは、デコ平から早稲沢までの三時間にわたって遊歩道をご案内したからである。

山が高いために九月とはいえ漆の木に実がなっていた。雅子皇后陛下が「これは何ですか」とお聞きになられた。「かせてかゆくなりますから」と咄嗟《とっさ》に高橋が言うと、両陛下ともよく意味がご理解できないようであった。

同行していた佐藤栄佐久知事が、「かぶれるということですよ」とご説明を申し上げたら、両陛下とも納得の御様子であられた。「かせる」というのはあくまでも会津の方言だというのを知らなかったがために、高橋がついつい口にしてしまったのだ。

キノコの季節でもあったので、ガイドとして自然観察指導員の冨田國男も同行しており、両陛下は色々とご質問をなされた。百貫清水の場所では、天皇陛下が「飲めますか」と高橋にお聞きになられた。高橋は「私は飲んでいますが殿下はどうですかね」と言葉を濁した。天皇陛下がお付きの人にも尋ねたら「大丈夫でございます」と申し上げたので、それならというのでお飲みになられたという一幕もあった。

また、クマが実を取って食べた「熊棚」(樹上食座)についてご質問されたのもそのときであった。天皇陛下が百貫清水でブナ林の方を指さして「あれは何ですか」とおっしゃられたので、高橋は「熊棚でございます」と申上げた。樹上で木の実を食べたあと、折れた小枝が残されて鳥の巣のような形になったもので、裏磐梯でもあまり見ることができない。秋にはブナの実を食べる場所であると同時に、春はそこで日向ぼっこをして冬の間湿っていた体を温めるのだった。両陛下とも初めて目にされたようで、かなり興味を持たれたようで、真剣に見入っておられた。

早稲沢で両陛下と集合写真

解散地の早稲沢で天皇陛下が「皆で集合写真を撮りましょう」といわれた。カメラを侍従にお渡しになられ、警備やお付きの人も含めて百五十人全員が一堂に会してシャッターが押された。普通は考えられないことであったので、警視庁の幹部の一人は高橋に向かって「村長さん。警備であちこち出かけますが、こんなことは初めてですよ。男冥利《おとこみょうり》に尽きますよね」と感謝感激の体であった。

両陛下がお帰りの際には、高橋と五十嵐好江北塩原村議会議長がお見送りをしたが、その前に高橋は、早稲沢の人たちに色々なキノコを採ってもらった。その名前も全部書き出した。七種類のキノコを、高橋は侍従の方に「ぜひキノコをお上げしたいのですが」と頼んだ。すぐにこちらの気持ちを察してくれたようで「私どもがいただいて差し上げるのは大丈夫です」とのことであった。

そのうちにお迎えの車が来たが、すぐに御出発されるということではなく、両陛下が「キノコごちそうさまです。お茶を飲みましょう」と高橋と五十嵐議長に話をかけられ、歓談する機会をつくっていただいた。わざわざイスが準備されるなど、高橋にとっては畏れ多いことであった。ちょうど稲刈りの最中であった。会津の農家について話題になった。高橋は天皇陛下から「村長におなりになる前はなにをなさっていましたか」とお聞きになられたので、高橋は「建設会社の社長をしていました」と申上げたが、五十嵐議長が「農業です」と答えたところ、天皇陛下はかなりご興味をお持ちになられたようで「コンバインで稲刈りをされているんですか」とお尋ねになられた。田植えから稲刈りまでの農家の作業の細々としたことまでお聞きになられた。

「何月にどんなことをされますか」「苗はどうようにつくられるのですか」「植えるときはどんな機械を使われますか」と矢つぎ早に御質問をなされた。

さらに、高橋には「子供たちが歓迎してくれるのは、村で頼んでいるのですか」と質問をされたので、高橋は「幼稚園で自主的にやったんですよ」とご説明を申しあげた。

皇后陛下は、高橋の母親のことも話題にされた。両陛下お二人だけで誰も付かずに五色沼を散策されていたら、たまたま高橋の母と近所のお婆さんたちがその近くで雑談をしていた。両陛下がその話の輪にお入りになられたら「村長さんのお母さんですよ」と紹介されたのだそうだ。皇后陛下が「たった今村長さんにそっくりなお婆ちゃんに会ってきましたよ」と笑っておられた。

皇后陛下が「今何をされていますか」とお尋ねになられましたので、「野菜を栽培して皆に上げたりしています」と申し上げることができたというので、高橋の母親の喜びもひとしおであった。

両陛下からお礼のお電話

両陛下は二十三日の金曜日にお帰りになられたが、次の月曜日の午前九時ころ高橋が村長室にいると「宮内庁から電話です」ということで受話器を取った。「東宮大夫《とうぐうたいぶ》の古川清です。ただいま皇太子殿下と妃殿下がおられます。代わりにお話しを致します。キノコを美味しくいただきました。ごちそうさまでした。お礼を申し上げます」という電話であった。

高橋は「村のキノコですから味わっていただければ」と申し上げた。「そのうちまたお世話になりますから」ともおっしゃられたので、それでなおさら感激してしまい、高橋は「ぜひまたお出で下さい、お待ちしております」と申し上げた。

皇后陛下にとっては、北塩原村の人たちとの交流が忘れられない思い出になられたようで、同年十二月七日、東宮御所で行われた誕生日に際しての記者会見の席で「九月には、福島県からの有り難いお申し出によって、育樹祭の公務の後に裏磐梯で数日間を過ごす機会をいただき、大変楽しく過ごさせていただきました」とお述べになられた。

平成十二年の北塩原村への御訪問は、両陛下が結婚されてから七年後のことであった。愛子内親王殿下がお生まれになったのはその翌年のことである。

愛子様の御誕生を祝して桜植樹

高橋は愛子内親王の御誕生を祝して桜の植樹を考えた。宮内庁からのご了解を得てから企画を練った。裏磐梯のような高地の生育に適しているということと、村の木であるとの理由でオオヤマザクラが選ばれた。桜峠の元村営の牧場地であった十八ヘクタールに、皆んなでお祝いしようと言う事で一本一万円のオーナー制とし、二〇〇一本のオオヤマザクラを植えることにした。愛子内親王殿下がお生まれになられた平成十三年というのは、西暦で二〇〇一年なので本数はそれに合わせた。

四月から売り出したところ、南は広島県、北は北海道からも問い合わせがあった。そして、七月の時点で完売するほどの人気であった。これには村の人も驚いたようで、自分もオーナーになりたいという声が相次いだので、そこに百五十本を追加した。

平成十四年十月十二日から二十日までの九日間は「二〇〇一桜植樹フェスタ」が桜峠公園で開催され、全国各地の桜オーナーが自らの手で桜を植樹した。

植樹した桜の根元には七十センチの石に、それぞれのオーナーが自分の好きな言葉や好きな名前が刻まれている。オオヤマザクラの寿命は三百年ともいわれている。オーナーばかりではなく、孫や、曽孫といった人たちにまで引き継がれることになる。

佐藤栄佐久知事が揮毫《きごう》した記念碑の除幕式は、翌年六月十二日に開催され、愛子内親王殿下のお印である「ゴヨウツツジ」の植樹も行われた。

二度目に裏磐梯にお出でになられたときの東宮大夫は郡山市出身の古川清であった。このため古川は勇退後、わざわざ桜峠のオオヤマザクラを見に来た。古川は平成七年に皇太子時代の天皇陛下の側近、東宮侍従長となり、平成八年から平成十四年まで、皇太子ご一家を支える東宮職のトップを務めた。

愛子内親王殿下のご誕生にあたっては、皇太子妃であった雅子様の御懐妊の発表、御出産の準備などを全て取り仕切った。両陛下の代わりに電話で話をしたのも古川であった。

高橋の説明を聞きながら古川はゆっくりオオヤマザクラを見て回ったが、大役を果たした安堵感もあってか、ひとしお思い出深い場所になったようだ。

元東宮侍従長の古川清氏（中央）

第十一章　小さな村が自立を決断

北塩原村役場庁舎

施設園芸のパイプハウス

四期目立候補の大義名分

村が合併しないことを決断した責任を取る意味で、高橋は一期目の公約に反して平成十六年八月二十九日、北塩原村長選に立候補した。対抗馬はなく無投票で四期目を担うことになった。

高橋が村長を三期でやめるというのは、村民への約束である。大竹作摩元知事が「長くやるとろくなことがない」と言っていた。高橋もそのつもりであった。

高橋が初めて北塩原村長選に立候補したときの五つの公約「農業と観光の振興」「住みよい生活環境」「若者定住と過疎対策」「生涯学習の推進」「老人福祉の充実」は、三期で全て達成した。やり残したことはなかった。

平成の合併が全国的に行われたのは、どの市町村も財政問題で行き詰まっていたからである。高橋は自立の道を歩むことにした責任者であった。「もう一期だけ村長を」との村民の声を無視することができなかった。

合併しないというのは、高橋が勝手に決めたわけではない。どうすればいいかは議会と一緒になって考えた。平成十四年には合併問題をめぐる住民懇談会を、二月十四日の構造改善センターを皮切りに、各集会所で開催した。

役場庁内における市町村合併に関する検討特別委員会も「合併やむなし」であったが、村民代表による市町村合併懇談会は「合併」、村議会市町村合併懇談会が「自立」という結論に達した。高橋が「自立」を決断したのは村民の意向を尊重したからである。

合併による村の分断危惧

高橋がもっとも恐れたのは、ようやく自分が村長のときにまとまった村が、二つになってしまうことであった。裏磐梯は猪苗代町、郡山市の経済圏、北山地区や大塩地区は会津若松、喜多方の経済圏に入っている。それぞれが別なところを向いている。

県の組織をみても、裏磐梯は猪苗代土木事務所、大塩地区や北山地区は喜多方建設事務所、警察署の管轄に関しても、裏磐梯は猪苗代警察署、大塩地区や北山地区は喜多方警察署という具合に、それぞれが真っ二つ状態である。

どちらか一方に属するわけにはいかなかった。喜多方市と猪苗代町とどちらと一緒になっても村はバラバラになってしまうからだ。

北塩原村としては平成十一年十一月、喜多方広域圏内の市町村との任意合併協議会に参加するとともに、猪苗代町、磐梯町との任意合併協議会にも参加した。あくまでも話し合いに加わるだけであり、合併をするかどうか判断する前段の組織である。

両方への参加というのは、高橋の提案でもあった。一つの案だけではなく、二つの案を比較検討しようと思ったからだ。村民の多くが反対しているのを受けて、どちらも駄目だという結論に達したのだ。

北塩原村宣言と行財政改革

北塩原村議会の全員協議会が平成十五年十二月十八日に開かれ、法定合併協議会に参加しないことを決定し、併せて「自立の道を進む北塩原村宣言」を全会一致で可決した。

同宣言では「合併によるメリットはない」と結論付けるとともに、「先人からうけた郷土『北塩原村』を二十一世紀に生きる子孫にそのまま、引き継ぐことが、私たちの使命であり、将来に禍根を残す選択は、すべきではないと考えます」と明確に述べた。

とくに同宣言文で強調したことは、地形的に二分されている村がようやく一つにまとまろうとしているときに、その努力が水泡に帰してしまうということであった。

今後は全国有数の観光地である裏磐梯を有し、会津地方を代表する米作地帯も含む、観光と農業を二本の柱とし、財政規模にあった「自らできる村づくり」によって、「血の通った行政」を目指すことにした。

国や県からいわれたことにそのまま従うのでは、村の発展などは望めない。村が消滅するような案には簡単に乗るわけにはいかないのである。高橋は「あのときの決断は間違ってはいなかったと思います。平成の合併を無理強いしようとする国の政策は目に余るものがありました。しかし、そこで負けてしまったのでは、小さな村の存立はおぼつかなくなってしまうからです」と高橋は胸を張る。

北塩原村は、地方交付税が減らされても対応できるように行財政改革を徹底的に行うとともに、高橋は基本的な方針を示すことで村民の理解を求めた。

自立のための財政改革の基本方針

一、村民の生活・暮らしを最優先し、村民サービスは現状を維持する

二、村民の負担を上げる前に、まず村執行部が努力する
三、村の貯金にあたる財政調整基金は出来るだけ取り崩さないよう努力する
四、今まで整備して来た施設を積極的に活用し、村民所得に結び付ける

自立の道をめざすというのは並大抵なことではない。平成十二年度の時点から行財制改革に着手した。

痛みは特別職からということで、特別職等の報酬・定数等諮問委員会の答申内容を受けて、平成十七年三月定例村議会で特別職の報酬を減額する条例改正案を提出し、可決された。これによって、村長は月額七十万三千円から五十六万二千四百円（二十パーセント減額・同諮問委員会の答申は十五パーセント減額）となり、助役・収入役・教育長は五％の削減となった。

高橋は平成十五年度からは役場改革にも取り組み、村民サービス向上のため、全能連認定のマスター・マネジメント・コンサルタントの中山勝之に依頼して、効率的な行政運営を可能にする組織を目指した。職員が幅広い分野で仕事をこなすことになれば、役場職員の人数削減にも結び付くからだ。

県の組織改革なども参考にして、係長までの職制は残しつつも、一つの業務に従事するだ

けでなく、一般職員は複数の職務を担当するようになった。

トップに集中しがちな組織の権限を組織全体に分散することで、職員一人ひとりに自主的な意思決定と行動を促せるようにした。

たとえば、それまでの総務課が総務財政係と総務管理係だったのを廃止し、一般職員四人は課長補佐の下で二つの職域をこなすことにした。助役の下に各課のニーズに対応するための支援室を設け、そこに七人を配置することにした。

高橋は小さな村を企業でいえば零細企業にたとえるが、人数が少ない組織であればあるほど、少数精鋭で何でもこなすことが求められるのは当然である。

小さな村を手厚く保護すべきだ

「平成の大合併」では三二三二の市町村を約三分の一にすることや、そして人口一万程度の小規模町村の消滅が目標とされた。

合併の目的としては「広がる日常生活圏への対応」「少子・高齢社会到来への対応」「地方分権による市町村の役割への対応」「厳しい財政状況への対応」の四つが掲げられた。

福島県の場合には昭和三十五年に一一二〇あった市町村の数が平成十二年には九〇に減ったとはいえ、逆に一万人未満の町村の割合は昭和三十五年が四十九・二％であったのに対して平成十二年は五十七・八に増加している。当初の目標を達成できずに混乱を引き起こしてしまっているのだ。

北塩原村が合併に踏み切れなかった背景には、高橋が危惧したように、ようやく統一してまとまりかけた村が、裏磐梯が猪苗代町に、北山や大塩地区が喜多方市の行政区に組み込まれることは、これまでの努力が水泡に帰すことになる。

それ以上に大事なのは小さな村の役割が見直される可能性が高いことだ。森川洋が『自治総研通巻四二一号』に掲載した「平成の大合併の実態と問題点」という論文は、発表後十年が経過しているにもかかわらず、小さな村にとって何が大事かを私たちに教えてくれる。

「小規模町村の総人口は二百四十六・八万人で、全国人口の一・九％（二〇一〇年）にすぎないが、その面積は四十八％を占め、国土の半分近くを管理することになる。今日都市住民の中には都市と農村（田舎）は持ちつ持たれつの関係ではなく一方的に援助する側とされる側からなると考える人も多いが（奥野二〇〇八）、山間部の小規模町村に住民が居住することは安全な食料の供給、水資源の涵養、温暖化ガス・CO2、治山治水、人間の健康回復、伝統的文化の継承など、きわめて重要な役割を果たす。農山村社会が維持され、そのために適正な財政負担がなされることは、都市住民生活の持続可能性にとっても重要である（重森二〇〇三）。今後、都市・農村間の人口交流は増大するであろうし、二地域住宅の所有者も増大するであろう。荒廃した土地は外国人に買い占められる可能性もあるし、外洋離島の場合には国土の保全に大きく貢献する。その点からすれば、費用対効果論にこだわることなく、手厚い保護のもとに小規模農村住民の生存権が守られるべきであろう」

森川は費用対効果にこだわらず、地方を守り抜く必要性を訴えたのである。「大都市へのこれ以上の人口集積も不安であるし、狭い国土の有効利用にもならない。限界集落の廃村への移行を阻止することはできないとしても、減少する財源を地方交付税として地方に分配して地方圏の市町村を守る必要があるだろう」との考え方に立脚すれば、小さな村であろうとも、まだまだ捨てたものではないのである。

第十二章　未来への提言

富士山頂での記念撮影。後列左が高橋

国や県に媚びるなかれ

高橋は「国が言うから、県が言うからということで、それをまともに聞いて村政を行うようでは、いつになってもいい村にならない」と主張する。

高橋は国や県と激しくやり合った。それは下水道整備だけではなかった。桧原湖に面した猫魔ホテルを売却するにあたって固定資産税の評価額算出をめぐっても、高橋は一歩も譲歩しなかった。そのおかげで廃墟となることもなく、現在も裏磐梯レイクリゾートとして営業を続けている。

猫魔ホテルは平成四年に大型リゾートホテルとして開業したが、バブルの崩壊などの影響を受け、平成十三年四月に営業を停止し、それから三年間は放置されたままになっていた。このため固定資産税の滞納も約五億円に達した。

破産閉鎖ということになれば裏磐梯のイメージ低下につながることは必至であった。打開策を講じるべく、高橋自身が東奔西走して二社ほどの企業に打診した。しかし、いずれも「固定資産税の年間一億四千万円の利益を出すのは難しい」という反応で暗礁に乗り上げてしまった。

そうしたなか、猫魔ホテルを建設したハザマと関係が深い不動産会社のリベレステ（本社埼玉県草加市）から購入の話が持ち込まれた。しかしここでネックになったのは、やはり高額な固定資産の評価額で、リベレステは大幅な減額を強く求めてきた。

高橋はこのチャンスを逸するわけにはいかなかった。高橋は考えに考えた末に窮余の一策を決断した。

地方税法第四〇三条では市町村長は「道府県知事又は総務大臣が固定資産を評価する場合を除く外」は「固定資産の価格を決定しなければならない」と書かれているのを根拠にして、村長である高橋が決めることにしたのだ。

あくまでも北塩原村に入る金である。それが半分になったとしても、買い取ってもらった方が得策であるからだ。職員からは若干異論も出たが、高橋は「俺がいいっていうからいいべ」と押し切った。

高橋には、今売れなければ裏磐梯が駄目になってしまう、という思いがあったからである。高橋が「村長の私が責任を取るから、了解してくれ」と理解を求めると、村議会もそれを了承した。

北塩原村としては、平成十五年度中に二度にわたって猫魔ホテルの建物に関する固定資産評価を実施した。最初の評価額は時価の建築価格に経年補正率を掛け合わせた計算方法で七十億円と算定し、村の固定資産課税台帳に登録した。これは地方税法にもとづく算定であり、県もクレームを付けることはできなかった。

県が修正勧告を出したのは、平成十五年三月に行った二度目の評価に関してであった。計算方法を変更して、ホテルの閉鎖年数なども加味して、独自の基準で約四十億円と村の固定資産課税台帳に再登録をしたからである。

県税務課から六人ほどが北塩原村に飛んできて「法的に駄目です」と大変な剣幕であった。例外をつくるとそれ以外のところにも波及する。明らかにそれを恐れたのだった。

しかし、あくまでも勧告でしかなく法的な拘束力があるわけではない。せいぜい地方自治法によって是正要求しかできないのを高橋は知っていた。

県からの勧告が出たあと一週間くらいは、テレビ局が何社も押しかけてきて、大変な騒ぎになった。平成十六年十月五日付の福島民報の一面トップは「県、修正を勧告」「北塩原村がホテル建物固定資産評価下げ」という大きな見出しが躍った。

当然のごとく高橋も取材を受けた。「ホテルの営業再開は村にとって最重要課題です。財源や雇用の確保、停滞する裏磐梯観光の活性化には欠かせません。決定権は村長にあり、私の責任で判断しました」と胸を張って述べた。

北塩原村に固定資産税として入る金は一億四千万円だとしても、それを払えるだけの利益を出すことは困難であることは、誰が考えても明らかであった。仮に約七千万円に減っても、営業を再開するメリットの方がはるかに大きいからである。最終的に県に北塩原村の税務課長が呼ばれ、誰にも迷惑がかからないような数字の出し方をした。これで約五億円の滞納分も決着した。

決断力のない村長であれば、大型リゾートホテルが荒れたまま放置され、裏磐梯に観光客が寄り付かなくなったことは誰の目にも明らかである。

目下の課題は村営住宅活用

平成十四年度から十九年度にかけて村営住宅は松陽台などに建設されたが、建設にあたって国の補助事業を活用したので、その見直しが国レベルで進まないと、小さな村では対応できないのが現状だ。この点について高橋は村に対して同情的である。

高橋が村長を辞めてからの二十年間で村に残る若者は数えるほどになってしまった。高橋が村長していた頃の村民は約三千七百人だったが、現在は二千四百人にまで激減した。日本の人口減少が始まったのが平成二十年であり、それ以降は少子化が急速に進み、地方はその影響をまともに受けることになった。

高橋の思い描いた夢の一つに「北山地区をベッドタウンに」というものがあった。当初は喜多方市からの居住が増えるのではと期待されていたが、現実には令和五年の喜多方市の人口は約四万二千人で、平成二十年と比べると約八千人も減っている。

高橋は「長く住んでもらうようにするためには、東京一極集中では展望は拓けず、国が人口を地方に分散するような施策を講じなければ、抜本的な解決にはならない」と訴える。

また、当初の村営住宅の入居対象は、年収百六十万円以下の人が基準になっていた。そうであれば月二万一千円から二万四千円で入ることができた。ところが十年、十五年も経つと、子供がみんな十八歳以上になる。扶養控除もなくなり、自分たちの給料もどんどん高くなっていくと、資格条件的に安い金額では住めなくなる。それで出て行った人が多かった。

空き室ばかりになってしまっては、村に直接関係のある公共施設などは地方債の対象経費となり、償還期間三十五年の起債もあるが、それを返すこともままならず、改築どころの話ではなくなっている。さらに、後二、三年入居者がいなければ、村営住宅が使い物にならなくなる。

総務省の調査によると、二〇一八年の時点では、一九九八年と比べて住宅数は四六一五万戸から五八〇〇万戸に増加しているものの、公営住宅に限ってみると、二〇九万戸から一九二万戸に減っている。「収入のある住宅困窮者は入れない」「核家族化を助長する」「需要に対して戸数が少ない」ということが問題点として指摘されている。

このうちの「収入のある住宅困窮者が入れない」のは、北塩原村ばかりではなく、全国的な課題なのである。「核家族を助長する」のは、高齢の親と同居したいと思っても、一人でも収入の高い人がいれば同居は難しいからだ。「需要に対して戸数が少ない」のは、日本総世帯数は五四一九万。月収額の基準では全世帯の約二十五%が入居可能とみられているにもかかわらず、公営住宅の供給が追い付いていかず、大都会では抽選で入居者を決めている。

その一方で、北塩原村のような過疎地の村営住宅に移り住むとなると、働く場所の問題が出てくる。大都市部に人口が集中するような国の施策では、地方は寂れていくだけなのである。

起債の償還が村の重荷に

地方債を募集する起債は補助金の出ない学校や公共施設などに使えるために、北塩原村も昭和の終わりから小中学校などの統合にともなう学校の新設、大塩活性化センター、北塩原村構造改善センター、剣ケ峰村営住宅の建設などに充当してきた。

高橋が村長のときも、裏磐梯小学校、裏磐梯中学校、大塩幼稚園、北山村営住宅、スカイヒル北山、北塩原村保健センターディサービスセンター、診療所などの建設資金に起債を活用した。償還期間がまだ残っており、それ以前の分も含めて重荷となっている。日本経済が活況を呈し、高橋を始めとした歴代の北塩原村長は、村の基金を貯めることで、財政計画に応じて繰り上げ償還に努力してきた。しかし、今はそうしたやりくりができないほどに、どこの地方も疲弊してしまっているのが実情だ。

かつては「国土の均等ある発展」ということが叫ばれたが、最近は国が「自立の促進と誇りを持てる地域の創造」(『21世紀の国土のグランドデザイン』)という言葉に重点を置くようになった。「中央から予算を分捕って地方のために使う」というのは、もはや過去の出来事でしかなく、小選挙区制によって有権者の数で選挙区が決まるために、大都市圏の発言力が強まっている。当然のごとく高橋は「地方切り捨て」の政治を舌鋒鋭く批判する。

林道で新たな資源活用を

旧大規模林道の米沢・下郷線の一部であった北塩原・磐梯線の林道開設工事が進んでいる。県の「山のみち地域づくり交付金事業」として令和二年度から六年度までの予定で行われている。この道路ができれば、北塩原村にとっても手付かずの森林資源の活用に結び付くことになると期待されている。

木材価格の低迷、林業生産基盤の未整備、林業労働力の高齢化・不足などの条件の悪化が年々深刻化している。手入れが行き届かない森林が増加しており、御多分に漏れず、それは北塩原村においても同様である。

国道四五九号線を起点として、雄国山麓を南北に走り、県道喜多方・河東線を終点とする林道工事。雄国山麓を東西に走る市町村道や林道と交差・接続する重要な道路となる。高橋は「ようやく私の考えていた夢が実現しつつあります」と喜びを隠さない。

高橋と鈴木政英元磐梯町長は、磐梯山を取り巻くようにして道路をつくったらどうだろうという雄大な構想を思い描いていた。その夢をかなえてくれるはずであったのが大規模林道米沢・下郷線の建設のうちの北塩原・磐梯線であった。それで大規模林道の計画が持ち上がったとき、官製談合事件が発覚し、マスコミに徹底的に叩かれ、無駄な事業だとか、天下り先になっているだけとの批判の矢面に立たされた。平成十九年度で「緑資源公団」は廃止されてしまった。

林野庁と緑資源公団の構想では、大規模林道は「七つの林業圏域には全国の森林の三十％にあたる約七百五十万ヘクタールの森林があり、幹線林道を軸とする林道ネットワークは、水の供給や地球温暖化防止など森林の持つ機能をより多く発揮させるだけでなく、山村地域の生活道路や都市と森林を結ぶパイプラインとしても役立ちます」という国家的な一大プロジェクトであったが、不正が相次いで発覚し、終了を余儀なくされてしまった。

そうした経緯もあって、国が方針を大幅に転換し、地域の要望に応じて県が実施主体となって林道を整備することになった。北塩原・磐梯線がその開発計画に入っていなければ、工事に着手することがなかったわけで、高橋は「恒三代議士の秘書であった佐藤雄平元知事のおかげです」と感謝している。

会津若松市で平成二十四年七月、木質バイオマス発電所が運転を開始し、チップ材の需要が会津地方でも高まっている。さらに、グリーンツーリズムとして、山村体験が新たな観光の目玉になっている。

奥の山で安全に山菜やキノコ採りをする上でも、北塩原・磐梯線の林道開設を起爆剤にして、農家が簡易宿泊営業の許可を取得しリアルな山村の体験ができる場所となれば、国内外からの観光客が大挙して押し寄せてくるはずだ。高橋が繰り返して言うようにアイディアが勝負なのである。

小さな村を存続させるために

高橋は自分の価値観を押し付けようとしているわけではない。「私の時代とは大きく異なっているわけですから、今の時代に合ったものを、しっかりと計画を立てて、それを一つ一つ努力していくことが大切だと思います。それには絵を描くことができなければなりません。コンサルに丸投げするのではなく、まず自分たちでデザインを描く必要があります」と提言する。

ただ、高橋は「魅力ある村をつくる以外にないと思います。そうすれば地元出身の若者も、故郷に骨を埋めたい定年退職組も戻ってきますから。松陽台団地が都会からもやってきて、子供の元気な声が聞こえるようになったのも、立地条件がすぐれ、景観にこだわったからです。それと比べると現状が深刻なのは、魅力ある村づくりをしていないからです」との立場は一貫している。

高橋は「このままでは村が成り立たなくなる」という北塩原村民の声をよく耳にする。「何か目玉になるものがなければ、惰性に流されてしまいがちです。この三年ほどの新型コロナの影響で、人との接触も制限され、気持ちが落ち込みがちでした。ようやく明るい兆しがみえてきたのですから、小さな村であっても、大きなことに挑戦できると思うのですが」と未来に向かって前進することを期待する。

過疎の村こそ大きな仕事が

国は過疎地域を発展させるために過疎債（償還十年）を発行している。シビルミニマム（地方自治体が住民のために保障しなければならない最低限度の生活環境）を維持するために、自治体で金を借りるということである。

高橋は北山地区などの農業用ハウスをバックアップすることにした。四期目で村長の最後の仕事として各農家に補助を出すことを考えた。農家の人たちから要望が出されていたこともある。桧原地区はイチゴ、北山地区はキュウリということだった。

そこで高橋が思い付いたのは、下水道工事で大塩地区と桧原地区の負担軽減につながったリースによる方式である。

高橋が総務省に統合される前の自治省の官僚と食事をしたときのことだ。官僚の一人が「村長さん、下水道の本線から宅内まで個人に負担させないで、過疎債を使ったらどうですか」と急に言い出した。高橋は「そんなことができるんですか」と確認したら、「お役所はタテ割りだから、違う役所に頼めばいいんですよ」と助言してくれた。

過疎債を使って北塩原村が借りる形にすれば農家の個人負担は経費の三十%で済む。それを十年かけて払ってもらうと、その後は自分の物になるのがリースである。これを利用したため、大塩地区と桧原地区は下水道加入率が九十五%以上にまでなったのである。

大事なのは国や県とのコミュニケーション

まずは補助の対象になると過疎債を上乗せできるので、国や県とのコミュニケーションが大事である。「米澤街道桧原歴史館」や「スポーツパーク桧原湖」をはじめその他の事業すべて国や県の補助と過疎債によるものであった。

国の補助が約五十パーセント、過疎債を組み合わせれば約八十五パーセントになる。一千万の場合であれば、百五十万程度である。

過疎債はあくまでも借入れではあるが、村に現金が入ってくるのがメリットだ。二年後からの返済となり、平成四年に借りれば平成六年からということになる。大体十年から十二年で返済すれば、その都度七十%が戻ってくる。元利償還金（借りた金とそれに対する利子を支払う金額のこと）の七十%が国の交付税で還元されるからである。

国の補助対象になることで、職員の経費が捻出されるほか、国でやるべきことを小さな自治体が行うということで、事務所の備品購入費を含めて手厚く面倒をみてくれる。そこにプラス過疎債なのである。

東日本大震災にともなって国から復興交付金が出ていたときは、殆んどの事業で過疎債が使えた。小さな村であればあるほど、何をするにしても過疎債の活用が鍵である。

高橋は「小さな村が大きな事業に手を出せないと思っている人たちがいるが、それは補助と過疎債をうまく組み合わせることができるということを知らないからです」とキッパリ言い切る。

ただし、有利な補正は市町村が三日から一週間で計画書を出すことが条件である。それができているかどうかで判断されることになる。高橋によれば「気が利く自治体は事前に準備しておきます。それができるかどうか」で打ち出の小槌になるかどうかが決まるのだ。

寒冷地が対象となる「凍上債」を活用できるかどうかも、どれだけ事前に準備ができるかにかかっている。

冬期の低温によって地面が隆起するなど凍上現象により道路舗装にひび割れなどが発生するのが凍上災で、被害が発生したと国土交通省が認めれば「凍上債」で復旧事業を支援することになっている。

高橋が村長のときの北塩原村では、道路の補修が必要になりそうな場所をあらかじめ春早いうちに確認しておいた。そして、雪が溶けるとすぐに村役場の車を走らせた。

村道の舗装の幅は決まっており、そこに二十メートル、五十メートル、百五十メートルという道路の長さから補修面積が何平方メートルかが計算できる。一週間あれば簡単に書類を仕上げられるのである。

高橋が職員を叱咤激励したことで、村道の改修工事のみで一年で最高一億五千万円が北塩原村に入ったことがある。これも九十六％が国の補助である。

補助の対象となれば経費の一切が出るし、村道であればどこも該当する。雪国の会津地方の市町村であればどこでもできることだが、トップがやる気をしめさないと職員は付いてこないのである。

小さな村は零細企業と同じだ

「物事の筋道」ということでは、中央官庁を無視しては、何事も進めることができない。とくに実際に担当するのは係長クラスであり、そういった人たちとの情報交換を密にしなければならない。

渡部恒三代議士の秘書だったときの佐藤雄平前知事は、中央官庁の係長クラスとの会合の場を設定するなど、近隣耶麻町村会のために色々と骨を折ってくれた。

高橋はよく「大きな市というのは大企業であるのに対して、小さな村は中小零細企業です」ということを口にする。小さな村が生き残るためには、その違いを理解して何ができるかを考えないと駄目だというのだ。

まさしくその通りではないだろうか。大手であれば社長が計画を立てなくても、下の者が計画を策定してくれる。しかし、中小零細企業はそうはいかない。社長が自分で飛んで回らないと会社が成り立たない。小さな村のトップは自分が先頭に立って見て歩いて、色々なものをつくりあげていかないと、間違いなく消滅してしまうからだ。

岐路に立たされている地方自治

高橋が村長として功績を残した平成四年から平成二十年というのは、市町村と国や県との関係が見直されようとしていた時代であった。小さな村が生き残っていくためには国や県に対して言うべきことを言わなくてはならないのである。それを実践したからこそ、高橋は胸を張ることができるのだ。

現在の日本の官僚組織は中央から県レベルまで縦割りになっている。飯尾潤は『日本の統治構造　官僚内閣制から議院内閣制へ』において、その弊害が昭和五十五年頃から顕在化したことを問題視していた。

「たとえば公共事業を所管する国土交通省の前身である建設省や運輸省などの官僚集団は、交流人事によって都道府県と密接な関係を築いていた。そして補助金の配分や、中央と地方の公共事業の仕分け、当該地方にかかわる中央政府の事業実施における協力などを通じて、地方政府と濃厚なネットワークを築き上げていた。そこで、ある県の知事が、自分の部下である土木部長に指示を出したところ、『本省と相談してみます』と返答されたという話も、さほど不思議ではないという状況があった。地方政府のなかにも、自分たちは中央の各省庁の出先あるいは関連団体であるという理解が浸透していたのである」

飯尾はそれが一定の成果を上げたことは評価している。中央政府の意向が地方政府に反映されることで、日本全体が一つの目標に邁進《まいしん》することができたからだ。しかし、経済の著しい発展が見込まれなくなった状況下では、どこも個性がなく皆同じであるような金太郎飴では通用しなくなっている。

現場を知らずに机上の空論を語るような霞が関の論理で物事を進められては、地方はたまったものではない。だからこそ、高橋のような村長が必要になってくるのだ。

何も中央の官僚と喧嘩をしろというのではない。彼らと侃々諤々《かんかんがくがく》の議論をすればいいのである。彼らの言いなりになるようでは、地方の衰退に歯止めがかかるわけはないのである。

中央の官僚は都道府県に出向したとしても、短い期間で渡り歩くために短期的な成果に固執する傾向がある。長期間にわたる事業などにはあまり関心を持たない。そうした悪弊を改めさせるには、彼らと対等に渡り合えることができる能力が首長には求められるのではないだろうか。

高橋は「たまたま私の場合は、中央から出向してきた方々は親身になって北塩原のことを考えてくれた方ばかりでしたので、その点は恵まれていました」と感謝している。高橋の熱意に惚れ込んだのではないだろうか。小さな村であっても、トップ次第なのである。

生涯現役で世の中に貢献

高橋は村長を辞めてから三回富士登山に挑戦し、そのうちの二回は頂上に立った。一回目は平成二十二年のことだが、五合目で自宅から母が亡くなったという連絡が入って、やむを得ず断念した。それでも高橋は、平成二十四年と二十六年には登頂した。平成二十六年には七十六歳になっていたが、親が与えてくれた強靭な体の賜であった。

高橋は平成二十五年、七十四歳で高橋建設の社長に復帰した。社長をしていた弟が健康問題で支障をきたすようになったので、県建設業界では一番の高齢だった。令和三年からは会長となった。「つぶすわけにはいかない。やり遂げないといけない」という一心であった。現在ではある会社の協力によって存続することとなった。

これまで高橋は高橋建設以外にも三社立ち上げた。昭和五十六年に会北道路、喜多方市内の国道一二一号沿いの喜多方ブル自工の向いに事務所を建てた。

アスファルトのプラントを持っていたのは、その当時は穴澤建設しかなかった。会北道路は鹿島建設、マルト建設、入谷建設と共同企業体で、会津坂下町長井地区に、アスファルトのプラントを建設した。平成二十年に設立したトータルアイヅは、北塩原村長を辞めてから設立した。維持管理の会社であり、社長には甥が就いている。

最近の高橋は、もっぱらモモやプルーンなど果樹園や畑作に精をだし、親戚だけでなく、これまでの人生で世話になった人たちに、果物や野菜を贈るのを楽しみにしている。夏などは朝五時に起きて消毒をするなど、これまで同様に日々労働にいそしんでいる。

高橋は八十五歳であるにもかかわらず、北塩原村長時代の思い出をよどみなく話す。車も自分で運転する。生きることに前向きであり、明日に向かっての夢を語ることは誰にも負けないのである。

高橋のプルーン畑で収穫を楽しんだ北山幼稚園児たち

プルーン畑で北山幼稚園児たちと記念撮影する高橋

終　章　郷土の偉人大竹作摩翁と高橋伝

北塩原村役場の入口に設置された大竹作摩翁像

只見川電源開発と吉田茂

大竹が県知事時代に「身命を賭した」のが只見川電源開発であった。日本が戦後の復興を成し遂げるための一大プロジェクトであったが、福島県は本流案を、新潟県は分流案をそれぞれ主張して、お互いに譲らず激突した。

福島県議会が昭和二十四年三月、本流案貫徹決議案を決議した。翌年一月の知事選挙で二代目の民選知事に当選したことで、大竹は両県の綱引きの渦中の人となった。

大竹は知事になる前に、県議会議長として吉田茂首相と極秘に会っていた。そこで吉田首相の「個人として本流案が正しいと信じている」との言葉を得ていた。また、知事就任後間もなく、吉田首相側近の白洲次郎とも接触している。

それから間もなくして、吉田首相のお声がかりで、白洲氏が東北電力会長に就いた。大竹と共に、本流案実現に奔走することになった。大竹は口舌の徒ではなく実行力があった。根回しに関しても抜かりがなかった。

福島県の本流案は地形を高度に利用し、水源に近い上流地帯の豊富な雪解け水を尾瀬ヶ原、奥只見、大鳥（前沢）、田子倉などの大貯水池で満杯にし、只見川本流に十三カ所の新規発電所と支流の伊南川に四カ所、合計十七カ所の発電所を建設すると同時に、下流の宮下、新郷、山郷、豊美、鹿瀬、さらに、支流の伊南川の六既設発電所を拡充し、総発電力二百七十二万キロワット、年間発生電力総量七十八億四千万キロワット・アワーの電力を生み出す膨大な計画であった。

これに対して、新潟県の分流案は、奥只見と田子倉に大貯水池を建設し、そこで貯めた水を奥只見十キロメートル、田子倉七・五キロメートルの長大なトンネルを掘って新潟県に引水し、その途中黒又川、魚野川の二小河川の水を貯め、長岡市上流十二キロメートルの妙見付近で信濃川に放流するという我田引水の計画であった。

政府案が示されたのが昭和二十八年七月二十二日、奥只見の流量十三億八千万トン（年間）のうちの五・六パーセントを新潟県の黒又川に分水するというもので、ほぼ本流案が認められた。このため福島県も容認することとなった。

県議会を説得するために、大竹は「只見川の早期開発のために、国家の利益のために、耐え忍ぶべきは忍び、政府案をのんで一日も早く只見川を開発すべきである。奥只見から黒又川へ分水する量はいわば〝小便水に〟過ぎない」との名言を吐いた。

八百板代議士の恩忘れず

本流案と分流案の決着が付くと同時に、大竹は田子倉ダム建設に伴う補償問題に取り組むことになった。大竹は昭和二十八年秋から全面解決をする昭和三十一年七月までかかりっきりで、骨身を削るような日々であった。

大竹が高橋に神妙な顔で語った一言がある。戦前からの農民運動家で、社会党の国会議員として、衆議院議員十一期、参議院二期を務めた八百板正について「あの人には足を向けて眠れないんだ」と高く評価していた。

「伝君よ、政治は一人ではできない。田子倉ダムの建設については、あれだけの反対があって、社会党や共産党などが押しかけてきて収拾が付かなくなったが、裏でちゃんとまとめてくれたのが八百板正君で感謝している」と述懐したのだ。

田子倉ダムの補償問題が解決したのは、八百板代議士の手助けがあった。最後まで反対の姿勢を崩さなかった五戸の農家への説得は、並大抵のことではなかった。

そうしたときに八百板の存在がクローズアップされ、八百板は大きな役割をはたすことになったのである。

保守系と革新系の間では、主義主張に違いがあるのは当然であるが、ここ一番という時には協力し合うことがあった。

八百板も「大竹さんとのふれあい」(『大竹作摩翁の生涯』)において、「反対派の代表が人間大竹の人情には心を許すものがあることを私はよみとった。これは私が解決するほかはないと考えたときに大竹から協力の打診があった」と書いている。

八百板もまた大竹同様に多くを語らないが、それでもなお「大竹さんが知事を退き、代議士になってからも、やめてからも、病気になってからも、私は何度か席を共に談笑し、親密な交友がつづいた。誰にも気がねせず、何人にもゴマすりすることなく、本当のことを本当のことばで話し合える。何の利害もからまぬ仲での世事と政治の放談と交誼は、私にとってその他の如何なる人との間にも、持つことのできなかったよろこびでありたのしみであった。こういう人は私の人生の中に、二度と現われることはないだろう。真実を地で生きた人の生き方なのだろうか」と最愛の友を懐かしむ一文をしたためた。

ソバ打ちで政財界人接待

高橋が大竹と直《じか》に接することができるようになったのは、大竹が県知事を昭和三十二年七月二十五日に辞任した後のことであった。「たなけ（池）の水もとつけ（入れ替え）ねど、濁れてボウフラがわくからなし」との名言を吐いての辞職劇は、未だに県政史上の語り草になっている。

高橋が大竹を人生の師として仰ぐようになったのは、潔さが際立っていたからである。「わきまえがない奴は政治家になるべきではない。大きな仕事をするにはいろんなことをやらなければならず、長く権力の座にとどまるべきではない」というのが口癖であった。高橋は会津若松市宮町にあった大竹の住まいにも子息の雄幸さんと何回か行った。会津にはあまりない瓦葺の家で堂々とした屋敷であった。大竹は衆議院を辞めてから東京に引っ越したが、そこに植えてあった松などを、雄幸にいわれて北山地区の家に運んだ。

転居先の東京原宿駅前にあった第一アパートにも、高橋は大竹の孫宏一と連れ立って行きご馳走になった。高橋は「三階の東側の角だったと思います。大竹先生が衆議院議員を辞めてからのことでした」と鮮明に記憶している。大竹は昭和三十八年十月まで代議士であった。訪ねたのは昭和三十六年頃と思われる。

大竹が小坂善太郎外務大臣に蕎麦を打って食べさせたいからというので、ソバ打ちの補助として雄幸と高橋が上京したのもその頃であった。

高橋は雄幸から誘われ付いて行った。修学旅行に行かなかったので、東京を見るには絶好の機会となった。

椚山界《くぬぎやまさかい》というソバ打ち名人が北山地区にいた。雄幸と高橋はその手助けをした。ソバ釜がなくて、仕方なくデパートで「大きな鍋（湯水を注ぐのに用いる器）」を買ってきて間に合わせた。

大竹の次男の健次郎が恵比寿の駅前で炭屋を営んでいた。そこに一週間ほど滞在した。小坂善太郎外務大臣の家で蕎麦を打って振舞った。吉田茂元首相の娘婿で、炭鉱王といわれた麻生太賀吉麻生セメント会長の家にも出向いた。その子供が現在の麻生太郎自民党副総裁である。

健次郎の店でもソバ打ちをして食べてもらった。雄幸と高橋はあくまでも下働き。偉い人と話を交わすことはなかった。大竹の政財界を通じての交友関係の広さは尋常ではなかった。人とのつながりを大事にするというのは、高橋が大竹を見て学んだことの一つである。

国政選挙で村の九六パーセントが大竹に投票

県知事退任後の大竹は昭和三十三年に会陽製糸株式会社の社長、昭和三十四年に会津蚕種株式会社取締役などに就任した。まだ六十代の前半でもあり、それからいよいよ大竹の本領が発揮された。

野に放たれたことで、かえって政界経済界に睨みを利かすことになった。会津を代表する政治家として一時代を築いた伊東正義、八田貞義、渡部恒三という大物政治家を世に出したキングメーカーが、大竹であったことは周知の事実である。

そして、あろうことか、衆議院が中選挙区制だったこともあり、大竹自身が昭和三十五年十一月二十日投開票の第二十九回衆議院選挙に立候補し、新人にもかかわらず、定数五の福島二区で五六一三七票を獲得して堂々の二位で当選を果たした。

その前の総選挙で自分が応援して当選させた八田貞義と並ぶ票数であった。会津から自民党の候補者二人が当選するために見事に票を分けたのだ。

大竹の長男の作左衛門は日本医科大学を卒業して医師となり、大竹が総選挙に立候補したときは、新宿御苑の近くの新宿病院に勤務していた。長男が学んだ大学の教授であった八田を代議士にしたのは大竹である。次の選挙で今度は大竹自身が出ることになったわけで、これには作左衛門も困ったはずだ。

北塩原村の総得票数の九六％が大竹に入ったのはそのときのことだ。今後、北塩原村出身の国会議員が出るというのは考えられないが、いくら地元であろうとも、大部分の村民の票が入るというのは前代未聞の出来事であった。

そのことを知った大竹は、当選を祝うために詰めかけた村民を前にして「俺はあと落選してもいい。地元でこんなに入る人はいない」と涙ながらに語った姿を、高橋は目の前で見た。

大竹が立派なのは「国会は俺のような人間が行くところではない」との名言を残して、赤《あか》絨毯《じゅうたん》を一期踏んだだけで、さっさと後進に道を譲ったことだ。

すでに大竹は六十五歳になっていた。何期もできる人がふさわしいと思ったのである。数を確保するだけの陣笠代議士には未練はなかった。

昭和三十八年十一月二十一日投開票の第三十回衆議院選挙には、大竹は立候補をせず、伊東正義元農林事務次官が初陣を飾るのに尽力した。伊東は「総理大臣の椅子を蹴った会津っぽ」として、日本の政治史の一ページを飾った政治家である。大竹の人を見る目は確かであった。

大竹は「事務次官を経験していれば、それだけで五期当選の価値がある。政治家は当選回数を重ねないと認められないので、発言権のある政治家ということで伊東先生を担いだのよ」

と後進に道を譲ったのだ。

若かった高橋は、伊東のポスターを貼って歩いた。伊東は一回目については難なく当選したが、二回目は落選という不運に泣いた。当時の衆議院選挙は中選挙区で、福島二区は会津以外の県南の票も集めねばならず、会津では大量得票をしたにもかかわらず、白河市や須賀川市などの県南があまり伸びず、それで思いもよらぬ結果になったのだ。

大竹と伊東はその落選後も固い絆で結ばれていたが、大竹は大局的な見地から政治家を育てた。伊東以外にも、竹下派の七奉行の一人であった渡部恒三、恩給予算化の適正化に尽くした八田貞義といった、大物政治家三人を陰に陽に支えた。そんなことができるのは大竹だけであった。

昭和四十五年の総選挙では、会津の保守系候補が三人とも当選した。八田と伊東は自民党公認で恒三は無所属であった。このときも大竹は伊東を応援したが、高橋は恒三陣営にせ参じることになった。

恒三の兄である渡部庫之介は、高橋が学んだ会津経営伝習農場時代の恩師であった。わざわざ高橋の家まで訪ねてきた。高橋の家の周りを所在なく歩いている人がいるので、誰かと思って高橋が外に出たらば、渡部庫之介だったのにはビックリした。弟の恒三のために自分の教え子のところを一軒一軒回っていたのだ。

大竹の息子の雄幸の立場は微妙であった。雄幸の息子の宏一が喜多方高校三年生のときに、雄幸が同校のＰＴＡ会長であった。その頃は喜多方高校に農業科があり、豚小屋の整備の件で、自民党県連政調会長だった恒三に世話になった。しかも雄幸は北塩原農協の組合長で、恒三が二十五、六歳の年齢で田島の農協組合長をしていたときからの顔見知りで、かなりシンパシーを感じていた。

大竹はそんな雄幸に向かって「雄幸よ、お前の気持ちはよく分かるが、伊東先生とワシとの関係もあるから動かんでくれ」と釘を刺すとともに、高橋がそこに居合わせたこともあり、「その分は伝君に頑張ってもらえ」と言ったのだった。高橋は未だにその情景が目に焼き付いているという。

大竹の側近には渡部圣もいた。猪苗代湖の三条潟に会津民俗館があるが、後にそこの館長になった。高橋も会津民俗館ができる前から顔見知りであった。その前は庭の石を集めて回っていたが、大竹門下として会津若松市議に当選。民俗・地理学者の山口弥一郎の指導の下に会津民俗館を建てた。

渡部は「世話になった亡き妻の供養のためにお寺の坊主になるんだ」と口にしていたが、

実際に晩年は僧侶となった。

高橋が恒三とより近くなったのは、会津若松市の渡部圣の自宅で大竹が恒三と引き合わせてからである。

大竹は、「恒三の嫁は俺が見つけてやったんだ。八田様に悪いからそれで仲人を、参議院議員の松平勇雄様に頼んだのよ」と高橋には裏話を披露した。

恒三の父親の渡部又左衛門と県議会時代の同僚であったことから、大竹は恒三の面倒もみた。恒三が八田代議士の秘書をしていたときからそうであった。只見町出身で歯科医師の卵であった、後の二三子夫人を恒三に引き合わせたのだった。

大竹の帰省ごとに呼ばれた高橋

どちらかというと大竹は「ホイホイ」と皆にくれてしまうような欲のないタイプであった。演説はそれほどでなかったが話術の達人で、しかもユーモアにあふれていた。人を絶対に怒らせることはなかった。刺々《とげとげ》しい話題から当意即妙、別な方に向かせるのも上手であった。

大竹が北山の自宅に戻ってくると決まって高橋を呼んでくれた。まだ二十代後半であったにもかかわらず、話し相手として会津弁でいう「めごがらっちゃ（可愛がられた）」のである。高橋からすれば、祖父の年齢にあたるお爺さんである。前書きにも書いたように、高橋は「大竹の謦咳に接した」幸せな一人である。訓戒を垂れるのではないが、やはり話の端々には豊富な政治家経験からくる人生訓、処世訓がそれとはなくまじっており、若い高橋にとっては得がたい楽しみな時間であった。ここで高橋は、人生は「決断と実行である」ことを学んだ。

もともと北山は昔から、要害山の山が崩れても北山の漆は絶えることがない、などと比喩されていたように豊かで誇りある村であった。

この小さな会津の北辺から、大竹作摩という偉大な人物が出たことは、高橋ならずとも村全体に向上心や高揚感をもたらしたに相違ない。

晩年は会陽製糸の存続に尽力

亡くなる直前に大竹は、革新系の喜多方市長の唐橋東と話し合って、喜多方市惣座の宮、会陽製糸工場や三洋電機の工場が一時あった場所を生協に売却することを決めた。このことについては唐橋市長の「思い出の中から」（『大竹作摩翁の生涯』に収録）でも触れている。

唐橋によれば、戦前の喜多方市は製糸工場があちこちに点在していた。喜多方市役所も厚生会館も製糸工場の跡地に建てられた。「会陽製糸だけは膨大な赤字をかかえながら最後までがんばっていたのは、大竹さんの執念であると同時に、他の人たちも、大竹さんなら、この赤字を何とかしてくれるだろうという、期待やら依存感でありました」と書いている。

あくまでも大竹は、借金の返済を二の次にして、建物の大部分を取り壊す段階になっても、シンボルとしての煙突にはこだわったが、その願いはかなえられなかった。それで喜多方生協東店として昭和五十三年にオープンすることになったが、大竹が尋常ならざる人物であったのは、その売却金は全て自分以外の株主に分けたことだ。

神仏に信仰が深かった大竹は祠がある区画だけを自分の名義として残し、一銭も株の代金を受け取らなかった。その最終的な手続きは息子の雄幸が行ったが、まさしく「立つ鳥跡を濁さず」であった。

大竹は昭和五十一年七月十六日、東京都内の病院で死去した。享年八十一歳。告別式は準県民葬として同年七月二十四日、北塩原村立北山小学校で執り行われた。葬儀委員長は木村守江知事が務め、北塩原村の鈴木格村長、村議会議長であった高橋の父正巳も弔辞を捧げた。

大竹が国士であったことを、若松ガスグループの高木会長は著書『軌跡』で紹介している。

先の戦争を早期に終結させるためには、我が身を捨てる覚悟を抱いていたといわれる。高橋は「実の孫のように可愛がられたので、そんな怖い人には思いませんでしたが」と回想しながらも、時たま眼光が鋭いときがあったのを印象に残している。

このとき木村知事の秘書係長として同行してきたのが、会津経営伝習農場で共に将来を語り合った星光政であったため、高橋は星と再会をはたすことができた。

運転手の稲葉と偶然に再会

東京で大竹の運転手をしていたのが稲葉清である。ハーレーダビッドソンのオートバイに乗っていて、むかし高橋は乗せてもらったこともある。

稲葉に連れられてオートバイの修理に行った先が、高橋の遠い親戚だったというようなこともあった。新宿にある自動車修理工場を経営していた。出て来た人の顔がどこかで見たおぼえがある。よくよく見ると母方の祖母の甥っ子にあたる人だった。喜多方市豊川出身である。世の中広いようで狭いのを実感した。

大竹がこの世を去ってからは、稲葉とはそれっきりであったが、二十数年たって不思議なところで再会した。

高橋が村長時代の平成十三年のことである。塩川町長だった吉原喜三久、それから、熱塩加納村長の山口信也の三人で、夜十時頃に新橋からタクシーを拾った。そのときの運転手が何と稲葉清であった。

三人が話しているのを聞いて会津の人間と分かったのだろう。運転手が「皆さんどちらからいらっしゃいましたか」と話しかけてきた。一斉に「会津からです」と返事をすると、「会津のどこですか」と矢つぎ早に聞いてきた。高橋が「北塩原村」、吉原が「塩川町」、山口が「熱塩加納村」と答えた。

すると運転手が高橋に「北塩原の大竹雄幸さんは今何をしていますか」と話しかけてきた。高橋が「雄幸さんは亡くなったよ」と教えてやると、バックミラーでお互いの顔が確認できた。高橋が「あれ?、稲葉さんではないの」と声をかけると、「伝さんではないですか」と大いに盛り上がった。それで名刺を交換したのだった。高橋にとっては不思議な縁であった。

それからまた付き合いが始まり、その後すぐに稲葉清が大竹家へのお供えを贈ってきた。

村役場前に大竹作摩胸像

高橋によると、大竹は晩酌はやらずたしなむ程度であった。盃にせいぜい一、二杯しか飲まない。それも舐《な》めるようにして時間をかけた。そんな大竹が自分の銅像について語ったことがあった。ちょっとばかりアルコールがはいったときに、高橋にだけそっと耳打ちしたのだ。

大竹が知事時代の昭和二十九年八月、現在の福島県庁が竣工した。大竹の知り合いに原三郎という人物がおり、「県庁の敷地に大竹作摩の胸像を建てる」といって奔走した。

大竹は目立つことが嫌いであった。

それ以前に原が金を集めに飛び回っていたのだ。大竹は「俺が生きているうちは駄目だということで、建てさせなかったんだ」とポツリともらした。

大竹によれば「政治家というのはいつどんなことになるかわからない。悪者にされて石をぶつけられたりすることもあるので、表には出さずに蔵の奥にしまってある」とのことであった。

しかし、わざわざつくってもらったこともあり、日の目を見ないのは心残りだったようだ。大竹から高橋は「伝君ワシが死んだら、家の前でいいから、蔵から出して胸像を建ててくれないか」と頼まれた。また、大竹は「伝君、台座になる石は大塩の親戚が北海道からトラックで運んできて、家の前に置いてあるからその上にあげてくろ」とも指示した。

高橋は原とは面識がなかった。ただ、大竹からは「原には人脈があり、約束したことは必ず守る人間だ」と聞いていた。

佐藤栄佐久知事や亀岡高夫代議士の秘書であった堀切伸一が『陰徳《いんとく》と錫類《しゃくるい》』という本を出した。そこで原について書いている。「小柄で口ひげを生やして眼光は鋭かった」と描写されており、大竹にぞっこんだったようだ。演説会場の警備や国会議員の警護を担当した、自民党院外団のメンバーであった。衆議院議長まで務めた大野伴睦も一時はそこに属していた。昭和三十年の保守合同以後は、自民党院外団は「自由民主党同志会」として衆議院常任委員長内で活動した。それから国立国会図書館、自民党本部などに事務所を移し、平成十四年まで活動していた。

大竹が知事のときに県職員として仕えていた、若松ガスグループの高木厚保会長が先頭に立った。高木は会津若松商工会議所第八代会頭を昭和六十三年十月から平成九年六月まで八年八カ月にわたって務めた人物だ。

かつて大竹が住んでいた、会津若松市宮町の場所に高木会長の自宅があった。高橋が若松ガスの本社を訪ね「大竹先生の胸像をぜひ故郷に建てたいのですが」と協力をお願いすると、高木会長は二つ返事で賛同した。高橋は「事務能力のあるキビキビした人だ」という印象を抱いた。大雑把な大竹とはまるっきり正反対の性格のように思えた。

それ以降、高木会長は何度も高橋と打合わせするために、北塩原村役場に足を運んだ。

「一番世話になったのは誰か」ということで、二人で人選した。高橋と高木会長以外には、高瀬喜左衛門元会津若松市長、飯野陽一郎喜多方市長、会津土建の菅家洋一社長、滝谷建設の目黒和夫社長といった人たちであった。

さらに、五十嵐好江北塩原村議会副議長にも、大竹作摩翁胸像建立発起人のメンバーに加わってもらった。

大竹の胸像は大竹家の蔵にしまってあったもので、本家の大竹良男に相談し、高木会長が懇意にしていた、梁川町出身の彫刻科太田良平日展参与に依頼して、明治生まれの政治家らしい風格を出すために羽織を着せた。

土台となる石もあらかじめ準備されていたのでトントン拍子に進んだ。土台の施工費はその経費は高橋と会津土建、滝谷建設の三者が出した。業者は高橋の小学校の同級生である栗村成範の栗村石材店を頼んだ。

ようやくこれで高橋は大竹との約束を果たすことになった。裏面の頌徳文（しょうとくぶん）は高木会頭が担当した。父親の渡部勉が県議会議員として大竹の同僚で、大竹県政を支えていたこともあり、若松貨物の社長だった渡部英敏（後の会津美里町長）も協力を惜しまなかった。

大竹作摩生誕百周年を記念してということで平成七年九月十六日、北塩原村役場の入り口に大竹作摩の胸像が建立された。当日は除幕式が盛大に行われた。

大竹作摩翁胸像の頌徳文

大山大沢偉人を生ず、というが、北山の生家の庭に立ち、飯豊山や猫魔の雄飛を仰ぎ見るとき、実感として人に迫る。翁は、一八九五年北塩原村北山に大竹逸八・チソの長男として生を享け、早くして家業を継ぐとともに、政治に志し、村、県議会議員となり、県議会議長を経て、一九五〇年第四十六代福島県知事に就任された。只見川電源開発、農業協同組合の強化、磐梯吾妻スカイラインの開通など本県の今日の基礎を築き、その功績は燦然と輝いている。一九五七年知事を辞任、一九六〇年衆議院議員となり国政に参加、一九七六年九月十六日、白雲一片悠々行くが如く八十一歳で逝去された。従四位勲三等旭日中綬章、翁は徳を積み事に当たるや衆知を集めて積極断行、情に厚く大胆にして細心、不世出の政治家である。一九七〇年その事績を顕彰すべきであるとの論高まり、一九七四年柳津町にその銅像を建立したが、生誕百年を記念し、故郷北塩原村に胸像を建立するものである。

北塩原村にある大竹作摩の胸像以外にも、只見川電源開発の功績を讃えるために、只見川を望む柳津町のつきみが丘に昭和四十九年四月二十九日、大竹作摩銅像が建立された。それから二年後に大竹はこの世を去ったのである。

発刊に寄せて

郷士を愛する熱血漢

前福島県知事　佐藤雄平

私は伝さんと知り合う前に、東京に陳情に来られたお父さんの髙橋正巳さんにお会いしています。渡部恒三代議士は一期目で、そのときから私は秘書でした。喜多方と裏磐梯を結ぶ国道四五九号線の整備についてでしたが、建設大臣は金丸信先生でした。金丸先生の鶴の一声で急ピッチに進められることになりました。平成元年には「ひばらビューライン」が開通しています。

伝さんと気軽にそう呼んでしまうのは、面倒見がよい高橋伝さんとは気の置けない間柄だからです。伝さんが「和恒会」の会長になられたのは、渡部恒三代議士が二期目の選挙だった昭和四十七年からですが、喜多方耶麻地方の恒三派の若手としての活躍は目を見張るものがありました。秘書であった私がどれだけ助けられたかわかりません。

とくに、喜多方耶麻地方というのは、伊東正義代議士の地盤でしたから、そこに挑むということは並大抵のことではありませんでした。

そうした熱血漢である伝さんは、きっと郷土のために何かしてくれるという期待を私はもっていましたが、予想した通り、北塩原村議を経て平成四年には北塩原村長に当選されました。

恒三代議士を応援する若い人たちで、会津の政治が大きく変わった時代でもあり、伝さんの熱意にほだされて、私も色々とお手伝いすることになりました。

その一つに磐梯山を囲むようにして道路を整備するという夢があります。磐梯町長であった鈴木政英さんと三人で、色々と検討しましたが、その当時の大規模林道の米沢・下郷線の一部に北塩原・磐梯線が認可されたことで、その夢はようやく実現しつつあります。「緑資源公団」は廃止されても、目下、県が主体となった林道北塩原・磐梯線の工事が急ピッチで進められているからです。

また、明治大学のセミナーハウスに関しては、私の知り合いのNHKのOBが骨を折ってくれました。夢を実現するためにがむしゃらに突進する伝さんから、私は多くのことを学びました。

私が杉並区長だった時代の山田宏さん（現在は参議院議員）を紹介したことで、北塩原村と杉並区の間で「まるごと保養地協定」が締結され、それが現在も続いています。仲人をした私としても感慨深いものがあります。

私が高橋さんに何かしてやったというよりは、逆に教えられることの方が多かったように思えてなりません。北塩原村だけでなく会津の地元で何が問題かを、伝さんの口から聞いて、それに応えるために、私は「その件だったらどこの役所の誰に話をすればいいか」とアドバイスをしました。

渡部恒三代議士が属した田中派は総合デパートともいわれ、多方面にわたって相談事を解決するのが仕事だといわれました、それだけ地方の声を反映させようとしたのでした。今のように、何事も人口が多い中央が優先されるようなことはありませんでした。

私は参議院議員二期、福島県知事二期を務めましたが、常に私が念頭に置いていたのは、伝さんのような行動力と、何事にも屈することがない根性です。

私は二〇一一年の東日本大震災、東京電力福島第一原発の事故が起きたときに福島県知事であったために、大変な責任を負うことになりましたが、ようやく沈静化しつつあったときに、伝さんがわざわざ電話で「よぐ頑張らったなし」とねぎらっていただいた一言が、未だに忘れることができません。

現在は政治の世界から身を引いたこともあり、健康のために月二回は伝さんとゴルフを一緒にさせてもらっているほか、年に何度かは妻と二人で北塩原村の高橋家を訪ねることにしています。そして、行くたびに伝さんから手塩にかけて育てた果物や野菜をお土産にいただきます。これからも元気に、後進のご指導をお願いいたします。

信念の人

元北塩原村助役　斎藤八郎

平成四年、現職の安部耕吉村長が長い闘病生活のうちにご逝去された。降って湧いたような八月の村長選挙は、村始まって以来の三つ巴の戦いとなり、高橋伝氏が初当選した。

当時、総務課長であった私は、充て職で選挙管理委員会事務局長でもあったことから、開票事務・選挙会さらには県への報告等を終え、深夜近く、当選祝いのため、高橋氏のご自宅を訪ねたところ、酔いを感じさせないはっきりした声で「おっ。総務課長、遅くまでご苦労様。さっ。こっちに来て。」と、挨拶もそこそこに祝盃を交わす。

思えばこれが氏と私の長い付き合いの始まりでした。

氏の業績は村政全般にわたっており、全村下水道事業・いこいの森整備事業・住宅団地造成事業を始めとするハード事業から人材育成を柱とするソフト事業に至るまで、村勢発展のため粉骨砕身寝食を忘れて取り組んでこられました。

あと一年少々で四期目が終わるという頃、打ち合わせの最中に、氏が、深い瞑想から目覚めた如く「もう、やることがない。」と言われた一言に、ハッとしたのを覚えています。それ以前にも、酒宴の席で、私と収入役を前にして、村長をやる気があるかどうか、と尋ねられた事があり、それらの事情から判断して、氏は五期目に出馬する意志がない。私は、その時、ハッキリそう感じ取りました。

年齢や健康状態から五期目に挑戦されても問題はない。是非五期目を目指して頑張ってもらいたい。大抵の村民はそう思っていたはずです。

「もう、やることがない。」氏は、本当に色々な事業を手掛けられ、村民からは、やりすぎとの批判の声が上がるほどでした。

それは村財政を心配しての発言であり、氏も、財源の捻出には苦慮され、一般財源の乏しい本村にとって、国から如何に補助事業を持ってくるか、大変苦労なされました。

これには氏の人脈のひろさが幸いしたようです。

ハード事業については、そのように財源を確保し、北山・大塩・桧原・裏磐梯各地区の特色ある発展のため多くの事業を実現されました。

ハード事業は俗に「箱物」と呼ばれ、成果が目に見えるため、その成果については村民のよく理解するところです。

当時企画課長だった私は、県と打合せの上、早稲沢地区に補助事業の導入を進めていましたが、村長にそのことを報告すると、「今は早稲沢ではなく桧原に事業を持ってくるべき。」と言われ、早稲沢で実施予定の補助事業を中止し、改めて桧原を対象として辺地計画を立てて事業に取り組むことになりました。

予算は取ってくるより返すほうが難しい。県の担当係長に多大な迷惑をかけてしまったことが、今も悔やまれてなりません。

それに反してソフト事業は、ハード事業ほどの多額の経費を必要とはせず、効果も限定的です。したがって、どちらかと言えばおろそかになりがちですが、村長はソフト事業にも力を入れ、特に交流を通じた人材育成に大きな成果を上げてこられました。

海外交流については、カナダも候補地に挙がっていましたが、職員を現地に派遣・調査の結果、ニュージーランドのタウポ市となりました。国内では沖縄県東村や東京都杉並区、更には県内では「海のいわき市と山の北塩原」という好企画も組まれました。

一般村民から観光商工業者・農業者、更には、村の将来を担う児童生徒に至るまで、全ての村民が交流事業の対象となりました。

職員に対しても、合併前の熱塩加納村・塩川町との人事交流を始め、国・県への職員派遣、或いは、国・県からの職員受け入れを実施し、職員の資質向上に努められました。

その際、今でも忘れられないのは、受け入れ職員の復帰の時期が近付くと、国・県の担当官に、復帰する職員の異動先に善処されるようお願いしておられたことです。受け入れ職員の前途をそこまで気遣う村長の姿に深く感銘を受けたものです。

人事交流とは少し話が違いますが、職員の定期人事異動の際に、ある職員が本庁の課長に配属されるという素案を見た私が、氏にそのわけを糺したところ、彼は今年定年退職だろう、と言われました。

職員の年齢を熟知して、そこまで配慮して人事異動を実施する村長の気配りに感服したことでした。

村長に就任されて間もないころの話です。

ある集落の真ん中に、好ましからぬ団体の出先機関があり、住民が難渋していることを聞かれた村長は、単身、東京にあるその団体の事務所を訪れ、その団体の長、俗に言う親分と面会されました。

その方は自治体の長が一人で直談判にやってきたことに少し驚かれ、大抵の場合、代理の者をよこすか、本人がくるときは三～四人の取り巻きを連れてくるものと相場は決まっており、一人でここに来た村長に心通うものがあったのでしょう。

話はとんとん拍子にまとまり、その地は村に売り渡されることになりました。

今では、そこには村の観光施設が整備され、夏には観光客で賑わっています。

私が助役になったころの話ですが、ここ数年村にとって頭の痛い開発物件があり、それを開発したいという業者から村に相談を持ち掛けられた時のことです。

あれは日曜日のことだったと思うんですが、村長と私が村長室で待っておりますと、夕刻近く業者の担当者とコンサルタントがお見えになりました。

コンサルタントがおっしゃるには、私は会社から全権依頼を受けており、ご相談したい事があって伺いました、と。

この言葉を聞いた村長は激怒され、「この重要な案件に代理をよこすとはどういうわけか。今取り決めようとしているすべての事案にあなたは責任を持てるのか。私は身を挺してこの仕事に取り組んでいるのに、何故社長は来ないのか。来ないならこの話はなかったことに。」そういうや否や村長は部屋を出て行ってしまわれたのです。

相手の担当者は、思わぬ展開に右往左往するばかり。私は村長の性格をよく知っておりましたので、この話はこれで終わり。

そう考えて、二人を部屋に残したまま階下に降りてゆきますと、自宅に帰られたとばかり思っていた村長が、薄暗くなった事務室の応接セットで体を休めておられるのを見つけたものですから、村長室に飛んで帰り「村長は下におられる。まだ脈があるから、社長に連絡して村長と直に話をするように」、と告げた。

結局、後日改めて話し合うこととなり、最終的な話もお互い納得のゆく形で決まりました。

ある時、村長に呼ばれ村長室に入っていきますと、そこには産業課の職員がむずかしい顔をして座っていました。

話を聞いてみると、災害の警報が発令・解除された場合の対応の仕方に食い違いがあったようです。

警報が発令されると主管課の総務課（現在は住民課）の担当職員が登庁し被害状況を把握して県に報告します。又、建設課や産業課の職員も登庁し、道路や河川或いは農林水産物の被害報告はないか、状況によっては村内をパトロールして被害を確認したりします。

登庁した職員は、警報解除の連絡がない限り帰宅するわけにいきません。

村長は、場合によっては総務課の職員を残して他の課の職員は帰っても良いのではないか、臨機応変にすべきである、と考えておられたようです。

その職員は、頑なに県の指示に従い、解除の通知があるまでは待機すべき、と考えていたようです。

お互いに納得しないまま小康状態が続き、やがて職員は、村長室を出たかと思うとしばらくして戻ってきて、辞職願を提出したのです。

あまりに突発的であった職員の行動に、村長は少し驚かれた様子で、それを受け取られましたが、その表情は、先ほどとは打って変わって穏やかなもので、やがて話し合いは収まり、その職員は退席しました。村長は辞職願を黙って私に預け、一件落着となり辞職はしませんでした。村長にはその職員の一途な考えが頼もしく感じられたのではないか、と推測するばかりです。

また、村長は、在任中には身内が経営する建設会社には工事を指名することはなく、いつも厳格な入札執行にあたられてこられました。

このように村長は、誰に対しても信念を曲げることはなく、信念を貫いて行動を起こす人でした。

いこいの森における「二〇〇一桜植樹フェスタ」や「桧原湖周遊レトロバス」の運行など、今まで自治体がやる事業ではないと思われてきた事業を展開、成功させてきたその行政的手腕は大いに評価されるものです。

燃料に天ぷらを揚げた廃油を利用した、環境にやさしいレトロバスの出発式典の挨拶で、衆議院副議長であられた渡部恒三先生が思わず漏らされたひとこと。「誰だい、こんなことを考えたのは。」「私です」と村長。「やっぱり君か」と思わず恒三先生。会場のあちこちから、波のように微笑が漏れ、緊張が柔らいだ瞬間でした。

祝
森のくまさん
桧原湖周遊レトロバス運行開始
北塩原村
森のくまさんバスに
廃食油をあげて下さい。
祝
桧原湖周遊
レトロバス

レトロバスの出発式典

あとがき

笠井　尚

大それた夢ではなくて、稼業をもつことが夢であった若き日の高橋伝は、そのささやかな夢を達成するために、自分たちの住む村を豊かにしたいと思うようになり、まず手始めに北塩原村北山地区に若者を中心にした「ほくゆう会」を結成した。高橋は地域をよくするために先頭に立った。

その熱い思いが大塩地区や裏磐梯地区の人たちの心も揺さぶり、北塩原村議と北塩原村議会議長を経て北塩原村長に就任したのである。高橋は四期十六年間で、小さな村では考えられない大きな夢を実現したのである。

祖父も父親も村議を歴任した地方政治家の家系とはいえ、まさしく「会津の風雲児」と呼ぶにふさわしい足跡を残した。不可能と思われたことを、次々と成し遂げることができたのは、幸運が重なったからだけではなく、高橋自身が揺るがない信念の人であったからだ。人任せにせず自分が率先して行動するというのは「言うは易し行うは難し」である。

中国清代末期の政治家曽国藩の言葉に「四耐四不訣」がある。「冷に耐え、苦に耐え、煩《はん》に耐え、また閑《かん》にも耐えて、激《げき》せず、躁《さわ》がず、競《きそ》わず、随《したが》わず、自強してゆこう」という意味である。

事を為すためには。冷たい仕打ち、苦しさ、煩わしさ、閑に耐え、激せず、躁《さわ》がず、他人の意見に振り回されることなく、自分の信念を貫きなさいという教えである。それを実践したのが高橋なのである。

今回の出版に際しては、論創社（本社・東京都神保町）の協力を得て世に出ることになった。ほかにも多くの人の手を煩わせることになったが、心より感謝の意を表したい。

高橋伝略年譜（村長時代の業績）平成4年9月〜平成20年9月（1992〜2008）

■平成4年　1992
9月　北塩原村村長に就任
11月　村民の海外研修始まる
11月　ふくしま駅伝初出場
12月　ホテル＆グランデコスキーリゾートオープン

■平成5年　1993
3月　桧原小学校と早稲沢分校が統合
3月　裏磐梯湖沼水質緊急下水道事業が福島県事業となる
3月　裏磐梯小学校新築
3月　第1回村民スキー大会開催
4月　第二次総合振興計画スタート
6月　北塩原村振興公社設立
9月　北山にライスセンター竣工
12月　北塩原村の環境を良くする条例制定

■平成6年　1994
2月　国際交流推進調査実施　ニュージーランドを訪問
4月　桧原地区に定期路線バス運行
5月　「いこいの森」整備がスタート
6月　農業構造改善、農道舗装5ヶ年計画国詔

9月　あいづ地方拠点都市地域に指定
9月　全村水道化構想計画「アクアサンクチュアリプラン」策定
■平成7年　1995
3月　桧原・裏磐梯中学校統合、新しく裏磐梯中学校開校
3月　早稲沢・デコ平自然ふれあい歩道完成
8月　8・3集中豪雨
8月　簡易排水施設整備事業小野川処理施設通水
10月　銅沼で第50回国民大会の炬火採火
10月　紀宮殿下五色沼をご観賞
■平成8年　1996
3月　高円宮さまご家族でご来村
7月　ラビスパ裏磐梯オープン
7月　村消防団「金ばれん」を受賞
11月　農業集落排水事業早稲沢処理施設通水
■平成9年　1997
3月　ニュージーランド・タウポ市ツランギ地区との交流（小学生派遣・姉妹都市提携）
3月　桧原小学校が閉校、裏磐梯小学校に統合
7月　道の駅裏磐梯「裏磐梯ビューパーク」がオープン
8月　皇太子ご夫妻、ご静養のためご来村
9月　特定環境保全公共下水道裏磐梯浄化センター通水
10月　雄国パノラマ歩道開通
10月　常陸宮ご夫妻ご来村

10月　ひばら地域交流ふれあい道路開通

■平成10年　1998

1月　全国町村会長より優良町村表彰
4月　農業集落排水事業金山処理施設通水
6月　裏磐梯サイトステーションオープン
6月　農産物集荷車導入
10月　全国市町村の森サミット開催
3月　北塩原農業協同組合、合併して会津いいで農業協同組合を設立

■平成11年　1999

3月　特定環境保全公共下水道北山浄化センター通水式
4月　裏磐梯幼稚園開園
4月　松陽台ニュータウン分譲開始
5月　高橋村長、福島県町村会長に就任
7月　桧原歴史館オープン
10月　桧原歴史めぐり・金山浜探勝路、桧原・細野パノラマ探勝路が開通

■平成12年　2000

7月　桧原湖国際トレッキング・フェスタ
7月　スポーツパーク桧原湖オープン
9月　皇太子ご夫妻本村でご静養
11月　総延長約80㎞、19のトレッキングコース完成

■平成13年　2001

3月　農産物加工施設「裏磐梯大地の工房」完成

4月　北山幼稚園開園
4月　桧原湖ふれあい温泉「湖望」オープン
4月　農業集落排水事業桧原処理施設通水
6月　雄国休憩舎完成、雄国沼保全サミット開催
7月　いこいの森グリーンフィールドオープン
7月　自然公園大会開催、常陸宮・同妃両殿下ご来村
9月　桧原湖国際トレッキング・フェスタ、国際エコツーリズム大会開催

■平成14年　2002
3月　沖縄県東村との交流
3月　松陽台ニュータウンに村営住宅完成
3月　保健センター完成
3月　小中学校に1人1台のパソコンを整備
4月　桧原診療所移転
4月　ラビスパ裏磐梯入場者100万人突破
5月　村営学習塾開講
5月　裏磐梯観光キャラバン（首都圏）
10月　敬宮愛子内親王殿下誕生記念2001桜植樹フエスタ開催
11月　ニュージーランド・タウポ市訪問団来村
11月　特定環境保全公共下水道事業大塩浄化センター通水
12月　市町村合併に関する村民懇談会発足

■平成15年　2003
12月　第三次総合振興計画スタート

4月　五色沼入口―喜多方駅間定期路線バス運行
4月　裏磐梯物産館オープン
4月　裏磐梯ビジターセンターオープン
7月　浪漫街道ＦＥＳＴＡin裏磐梯開催
10月　大塩幼稚園落成
10月　道の駅に農産物直売所オープン
10月　任意合併協議会参加
12月　喜多方地方6市町村法定合併協議会に参加せず

■平成16年　２００４
2月　北塩原行財政改革審議会開催
4月　猪苗代～桧原間定期路線バス運行
7月　桧原湖周遊レトロバス「森のくまさん」運行
7月　北塩原村合併50周年記念式典を開催
7月　北塩原村裏磐梯合同庁舎完成
7月　南東北裏磐梯診療所新設・開業
10月　東京都杉並区と保養協定締結
10月　金山生きがい学習施設整備

■平成17年　２００５
4月　杉並区での初イベント「物産展」「写真展」開催
4月　杉並区セカンドスクール
6月　杉並区からモニターツアー一行来村
6月　王毅 駐日特命大使裏磐梯を訪問

6月　村道剣ヶ峯・狐鷹森線整備

■平成18年　２００６

4月　村内の幼稚園施設　保育料無料化

4月　柏木城入口駐車場整備

7月　第24回全国町村下水道推進大会研究会議開催

8月　北山児童クラブ開所

9月　第１回裏磐梯スカイバレーヒルクライム大会開催

9月　ラビスパ裏磐梯10周年記念祭開催

9月　「さくら幼稚園」の幼児バス整備

■平成19年　２００７

4月　「さくら小学校」「さくら幼稚園」開校・開園

4月　村道関屋線県代行事業認可

5月　漆苗記念植樹祭・桂宮さまご来村

10月　北塩原村史発行

1月　姉妹友好都市タウポ市で締結10周年記念式典

1月　住宅団地スカイヒル北山建設

1月　桧原湖北岸マリーナ（浮き桟橋）整備

■平成20年　２００８

5月　ＮＨＫ大河ドラマ「天地人」記念ウォーク

5月　上山市とスポーツ合宿誘致に関する事業連携協定

5月　パイプハウス整備

笠井尚（かさい・たかし）
1952年、会津若松市生まれ。県立会津高校卒、法政大学文学部哲学科卒。主な著書に『山川健次郎と乃木希典——「信」を第一とした会津と長州の武士道』（長崎出版）、『最後の会津人伊東正義——政治は人なり』『勝常寺と徳一——みちのくに大き仏あり』『会津に魅せられた作家たち』（以上、歴史春秋出版）、『我天に恥じず——保守政治家八田貞義伝』（会津日報社）、『徳一草稿——東国化主・会津仏教の源流』（会津人社）、『白虎隊探究——世紀を超える精神風土　会津教学と藤樹学への招待』『会津人探究——戊辰戦争　生き延びし者たちにも大義あり』『仏都会津を今の世に——磐梯町の挑戦　徳一ゆかりの慧日寺と仏像の復元』（以上、ラピュータ）、『渡部恒三伝——次世代へと託す、魂の遺言』『土俗と変革——多様性のラディカリズムとナショナリズム』（以上、論創社）などがある。

小《ちい》さな村《むら》の大《おお》きな夢《ゆめ》——高橋伝《たかはしつたえ》　一代記《いちだいき》

2024年4月10日　初版第1刷印刷
2024年4月20日　初版第1刷発行

著　者　笠井　尚
発行者　森下紀夫
発行所　論 創 社
東京都千代田区神田神保町 2-23　北井ビル
tel. 03（3264）5254　fax. 03（3264）5232　web. http://www.ronso.co.jp/
振替口座　00160-1-155266
装幀／奥定泰之
印刷・製本／中央精版印刷　組版／フレックスアート
ISBN978-4-8460-2374-4　